权益保护手册系列

妇女权益保护手册

刘凝 / 编著

中国法制出版社
CHINA LEGAL PUBLISHING HOUSE

CONTENTS

目录

第一章　婚恋保护

第二章 侵权保护

第三章　就业保护

第四章　消费保护

第一章

婚恋保护

案例直击

1. 离婚诉讼向哪个法院提起?

阿芳工作不久后，就与公司同事阿城结婚了。虽然在大多数人眼中，他们相处的时间不长，但阿芳还是毅然决然地嫁给了这个令她一见钟情的男人。婚后，小两口的日子是甜美的，但自从阿芳生下女儿之后，二人之间就开始产生矛盾。阿城出生在农村，重男轻女的封建思想根深蒂固。阿芳觉得在大城市生活，生女儿更贴心，生活压力小。但为了婚姻的稳定，面对婆家生二胎的要求，阿芳最后也妥协了，可事与愿违，二胎还是个女儿。令阿芳万万没想到的是，阿城竟然要求她生第三胎。一见钟情的好感早已不复存在，阿芳满腹委屈，觉得自己就是个生育机器。阿芳认为和阿城不能再一起生活下去了，决定离婚。她想知道，离婚该向哪个法院提出呢?

律师说法

在我国，对于离婚诉讼的立案法院，针对不同情况，有着不同的规定。根据《民事诉讼法》第二十一条和第二十二条的规定，具体内容如下：

一般情况下，对公民提起的民事诉讼，由被告住所地人民法院管辖；被告住所地与经常居住地不一致的，由经常居住地人民法院管辖。

以下特殊情况下，由原告住所地人民法院管辖；原告住所地与经常居住地不一致的，由原告经常居住地人民法院管辖：

（1）对不在中华人民共和国领域内居住的人提起的有关身份关系的诉讼；

（2）对下落不明或者宣告失踪的人提起的有关身份关系的诉讼；

（3）对被采取强制性教育措施的人提起的诉讼；

（4）对被监禁的人提起的诉讼。

综上所述，阿芳应当结合自身的具体情况，向相关的人民法院提起离婚诉讼。

2. 夫妻之间吵架，一方动手打了另一方是家庭暴力吗？

阿强是一个观念守旧的人，崇尚大男子主义，认为女人是男人的附属品，无条件对男人服从才是女人应该做的。阿强与阿凤结婚后不久，阿凤就外出务工。在大城市打工的日子里，阿凤的思想变得开放起来，她认为男女之间就应当平等。二人是经人介绍结婚的，夫妻感情基础本来就薄弱，加上现在二人在男女平等观念上有着根本的冲突，所以吵架充斥着他们的生活。如果阿强在和阿凤吵架的过程中打了阿凤，这是婚姻法上的家庭暴力吗?

律师说法

依据《最高人民法院关于适用〈中华人民共和国婚姻法〉若干问题的解释（一)》第一条规定，“家庭暴力”是指行为人以殴打、捆绑、残害、强行限制人身自由或者其他手段，给其家庭成员的身体、精神等方面造成一定伤害后果的行为。据此可知，我国婚姻法上的家庭暴力，不仅要有暴力行为，还要造成一定的伤害后果。本案中，如果阿凤的老公阿强动手打了她，还造成一定伤害后果，就属于婚姻法上的“家庭暴力”。如果只是吵架拌嘴，小打小闹，未造成伤害后果的，就不是婚姻法上的“家庭暴力”。

3. 离婚诉讼第一次未判离，在什么条件下才能第二次起诉?

阿莲和阿坤过不下去了，二人已经打了一场离婚官司，由于阿坤不同意离婚，最后法院认为阿莲和阿坤还未达到“夫妻感情确已破裂”的地步，所以判决不准离婚。但在接到判决书后，阿坤就开始殴打阿莲，阿莲多次报警。这也让阿莲对阿坤失望透顶。现在阿莲很是苦恼，对阿坤又怕又恨。针对阿莲这种情况，她在什么条件下才可以第二次向法院提起离婚之诉?

律师说法

根据《民事诉讼法》第一百二十四条的规定，判决不准离婚和调解和好的离婚案件，判决、调解维持收养关系的案件，没有新情况、新理由，原告在六个月内又起诉的，不予受理。从此规定可以看出，只要有新情况、新理由，便可以在六个月之内向人民法院提起离婚之诉。那么到底什么才是新情况、新理由呢？可以根据《婚姻法》第三十二条的规定来判断：（1）重婚或有配偶者与他人同居的；（2）实施家庭暴力或虐待、遗弃家庭成员的；（3）有赌博、吸毒等恶习屡教不改的；（4）因感情不和分居满二年的；（5）其他导致夫妻感情破裂的情形。本案中，阿莲拿到不准离婚的判决书后，阿坤对其实施数次家庭暴力，阿莲完全可以在六个月之内向人民法院第二次提起离婚之诉。

4. 丈夫畏罪潜逃，妻子可以起诉离婚吗？

阿琴的老公阿虎在一家金融公司上班，经常出差。有一次，阿虎说要去外地一周，阿琴和往常一样帮他收拾好行李。但是过了几天，阿虎失联，手机处于停机状态。阿琴又等了一周，还是没有等到任何消息。阿琴找到阿虎的公司，但该公司早就被公安机关贴上了封条，据说是涉嫌非法集资，而阿虎畏罪潜逃了。之后，派出所的人也来询问过阿琴，但阿琴也一直没有联系上阿虎，阿虎就这样人间蒸发了。两年过去了，阿琴的父母觉得这件事情始终要有一个了结，总是这么等着也不是回事，毕竟阿琴还年轻，希望她有自己的新生活。阿虎失踪了两年，阿琴是该起诉离婚，还是该申请宣告阿虎失踪呢？

律师说法

根据《最高人民法院关于人民法院审理离婚案件如何认定夫妻感情确已破裂的若干具体意见》第十二条规定，一方下落不明满二年，对方起诉离婚，经公告查找确无下落的，一方坚决要求离婚，经调解无效，可依法判决准予离婚。据此可知，阿虎已经下落不明两年之久，阿琴可以直接向法院起诉离婚。

5. 女方患有精神疾病，男方与其达成的离婚协议是否有效？

阿红和阿牛青梅竹马，两小无猜。大学毕业后，到了谈婚论嫁的年纪，二人觉得从小感情好，知根知底，家里也赞同，于是就办了结婚登记，领取了结婚证。婚后，不知道什么原因，阿红变得疑神疑鬼，只要有女人跟阿牛接触，她就认为阿牛要搞婚外恋，所以对阿牛身边的女性朋友充满了敌意，还经常因为一些琐事跟阿牛吵架。随着时间的推移，阿红整天精神恍惚，被诊断出患有严重的人格分裂症，阿牛也对二人的感情失去了信心，于是便和阿红自愿达成了离婚协议，对二人的财产进行了分割。现在阿红的家人对阿牛抛弃自己妻子的行为很生气，想知道在阿红被确诊患精神病后，二人达成的离婚协议是否有效？

律师说法

本案中，阿牛在阿红患有严重精神疾病的情况下与其达成了离婚协议。虽然阿牛声称阿红是在自愿的情况下签署的，但在司法实践中，应当由专门的机构对阿红的精神状况做出鉴定。如果鉴定结果显示阿红属于丧失民事行为能力的精神病患者，那么阿牛和阿红所达成的离婚协议肯定是无效的。

6. 男方婚内出轨，赔偿协议是否有效？

王某小的时候，父母离异，所以在单亲家庭长大的她一直缺乏安全感。赵某和王某婚后虽然感情很好，但一直缺乏安全感的王某要求赵某和她签订一份“婚姻忠诚协议”，赵某也答应了。该协议其中有一条约定：“男女双方若因第三者导致夫妻感情破裂进而离婚的，其中一方应当给付另外一方 50 万元现金作为精神损害赔偿金。”

后来，由于王某生孩子后患上了抑郁症，而赵某又跟第三者刘某搞起了婚外恋，导致王某和赵某感情破裂，闹到离婚的地步。王某想知道，她和赵某之间关于出轨导致离婚给付对方

50万现金的约定是否有效?

律师说法

王某和赵某属于成年人，双方在婚姻登记后，对于自己的个人财产、夫妻共同财产有进行自由处分的权利，这是当事人对财产意思自治原则的体现，无论是在司法实践中还是在法律规定上，均应给予充分的保护。众所周知，在夫妻关系中，除了财产关系，更大程度上是感情因素和人身关系，婚姻法并不适用等价有偿原则。本案中，男方和女方签订关于“男女双方若因第三者导致夫妻感情破裂进而离婚的，其中一方应当给付另外一方50万元现金作为精神损害赔偿金”的协议，是根据夫妻共同财产的具体情况对夫妻财产作出的自由处分。出现离婚情况时，按约定给予对方补偿款，这是符合婚姻法规定的，亦符合双方的真实意思表示，且不存在受胁迫的情况，也不存在显失公平的情况，法院依法应当予以保护和支持。

7. 恋爱期间男方送女方的礼物，分手了还用偿还吗?

高某长得漂亮，从来不乏追求者，毫不夸张地说，追高某的人可以绕单位办公楼好几圈。刘某正是众多追求者中的一员，为了赢得高某的芳心，刘某隔三岔五地送给高某各种礼物，包括手机、包包、手表、首饰等物品。在刘某坚持不懈的追求下，高某终于答应同他交往。但是一次偶然的机会，高某发现刘某竟然是个“花心大萝卜”，在和她交往的同时还和一个姓王的女人交往。这让高某非常生气，决定和刘某分手。现在高某想知道，恋爱期间刘某送她的礼物，她还用偿还吗？

律师说法

恋爱期间，刘某将手机等物品赠与高某，属于自愿行为，且已经将物品移交给高某，赠与行为成立。根据我国法律规定，赠与合同是赠与人将自己的财产无偿给予受赠人，受赠人表示接受赠与的合同。赠与人在赠与财产的权利转移之前可以撤销赠与。据此可知，即使高某和刘某分手了，也不需要将上述物品还给刘某。

8. 我和男友长期同居，分手后我能向男方索要精神损失费吗？

鲁某是一个女白领，早在2010年，她因一次朋友聚会与孙某相识后开始恋爱。同年下半年，双方以夫妻名义在某地租房同居。同居期间，鲁某将自己的收入都用于二人生活。后来，孙某与其他女人产生不正当关系，双方曾多次因此大吵大闹，孙某对鲁某非骂即打，鲁某多次提出分手。鲁某还做过两次人流手术，但是考虑到以后可能不能生育，所以并未真正分手，而孙某不仅不知悔改，反而变本加厉，多次对鲁某进行谩骂、殴打，使鲁某的身心受到严重摧残，鲁某实在无法与孙某共同生活。而孙某为了甩掉鲁某，同意和鲁某签署一份分手精神补偿协议。该协议约定：由孙某一次性给付鲁某精神损失费人民币5万元整。该协议到期后，经鲁某多次催讨，刘某拒不支付，那么刘某应当支付给鲁某精神损失费吗？

律师说法

鲁某和孙某同居期间，长期受到孙某的殴打，事后双方虽然分手，但达成了关于精神损失费的补偿协议，该协议是孙某对鲁某精神损失的一种补偿，是双方当事人自愿且真实的意思表示，不违反法律法规的禁止性规定。此外，鲁某在同居期间，不仅将自己的工资收入用于同居生活，还做过两次人流，对获得此笔精神损失费也有事实基础，因此，孙某应当向鲁某支付人民币5万元的精神损失费。

9. 我想离婚，可心软撤诉了，还可以起诉吗？

王某和丈夫曾经是令人羡慕的“神仙眷侣”，但因一条婚外情的传闻，王某决定与丈夫离婚。他们先是打了一场离婚官司，但丈夫死活不同意离婚，最后法院认为他们之间的婚姻关系还未达到“夫妻感情确已破裂”，因此，判决不准离婚。王某接到判决书后，丈夫就开始殴打她，她也多次报警。这让王某对丈夫彻底失望了。在这种情况下，王某第二次起诉离婚。可不知道为什么丈夫突然像变了一个人，对她百般呵护，于是王某身边的人都劝她别离婚了。见众人劝解再加上丈夫的表现，王某也动摇了，但又担心丈夫的家暴“死灰复燃”，所以她想知道，如果撤诉了，还能再次起诉吗？

律师说法

王某的担心并非毫无根据，因为家暴这种恶行，不可能“突然”改掉，虽然她想挽救婚姻，但俗话说“防人之心不可无”，为了避免再次受到家暴伤害，她事先做好防备是必要的。根据我国法律规定，当事人撤诉或人民法院按撤诉处理后，当事人以同一诉讼请求再次起诉的，人民法院应予受理。原告撤诉或者按撤诉处理的离婚案件，没有新情况、新理由，六个月内又起诉的，可依照《民事诉讼法》第一百二十四条第（七）项的规定不予受理。本案中，王某撤诉后，一旦丈夫再次有家暴等违法行为，她还是可以继续起诉离婚的。

10. 六个月后我进行了第二次离婚诉讼，肯定可以判离吗？

周某曾经是一位成功的商人，开了几家服装厂，但由于遇上了经济危机，资不抵债，沦落到破产的境地。事业上的失败，直接导致了家庭的瓦解。周某因为受不了事业失败的打击，整日靠着网游打发日子，俗话说“贫贱夫妻百事哀”，妻子关某见他一蹶不振，争吵拌嘴便成了家常便饭，周某甚至还对妻子实施了家庭暴力。为此，关某曾向人民法院提起了离婚之诉，法院鉴于二人感情并未破裂，周某也是因为事业不顺受到打击，悔过态度很好，并未判决二人离婚。但是关某对此判决并不认可，因为她对丈夫周某已经死心，准备六个月后再次向人民法院提起离婚之诉。而周某已经充分认识到了自己的错误，并且准备东山再起，所以并不打算和关某离婚。但死了心的关某就是想结束这场婚姻，她想知道，第二次起诉法院就一定会判决离婚吗？

律师说法

离婚案件中，很多当事人都想知道到底起诉几次，法院才会作出离婚的判决。对此，法律中并没有明确规定，有可能是一次，也有可能是两次，甚至是三次、四次、五次。法院判决离婚的标准是“夫妻感情确已破裂”，因此，提出离婚的次数多少与离婚判决结果没有必然的联系。本案中，虽然妻子关某对婚姻已经彻底失望，准备提起第二次离婚之诉，但这并不代表法院就一定会在第二次离婚之诉中判决双方离婚，还是要看双方是否属于“感情确已破裂”，如果不属于确已破裂，那么关某第二次起诉离婚依然不会得到法院的支持。

11. 我嫁给了精神病人，能离婚吗？

因为家境贫寒，学习成绩原本很好的李某在中学时期就辍学在外务工，后来由于父亲遭遇车祸，缺钱治疗，她不得不委屈嫁给患有轻度精神障碍的高某，获得彩礼 10 万元，用于给父亲治疗。婚后的生活可想而知，李某与患有轻度精神障碍的丈夫高某之间根本无夫妻感情可言。后来，高某的精神病加重，多次出现攻击李某的行为，虽经多年问医，仍无法治愈，李某感到自己的生命安全受到威胁，她想知道在丈夫是精神病人的情况下可以离婚吗？

律师说法

依据法律规定，婚前隐瞒了精神病，婚后经治不愈，或者婚前知道对方患有精神病而与其结婚，或一方在夫妻共同生活期间患精神病，久治不愈的，足以认定为“夫妻感情确已破裂”。因此，本案中，李某可以向人民法院提起离婚之诉。

12. 我老公是个罪犯，我该向哪个法院起诉离婚？

王某和丈夫是通过别人介绍结婚的，婚后的日子还算和睦，丈夫在外经营一个小水果摊，王某在家相夫教子，平时丈夫外出进货的时候，她还帮着丈夫打理水果摊的生意。虽然丈夫对她不错，平日里总是嘘寒问暖，但王某总有种说不出的感觉，这种感觉每每让她坐立不安，要问为什么，她又说不出个所以然来。直到某天，王某突然接到警察打来的电话，说她丈夫是个逃犯，5 年前曾因故意伤害被判刑，后逃脱，至今才被逮捕归案，收监服刑。王某不想和一个罪犯过日子，她应该向哪个法院起诉离婚？

律师说法

依据我国法律规定，双方当事人都被监禁或被采取强制性教育措施的，由被告原住所地人民法院管辖。被告被监禁或被采取强制性教育措施一年以上的，由被告被监禁地或被采取强制性教育措施地人民法院管辖。本案中，王某应当根据丈夫服刑时间的不同，依据上述规定提起离婚之诉。

13. 老公怀疑我有婚外情，他可以要求离婚吗？

某科研单位的职工王某和妻子关某是大学同学，毕业后二人又应聘进入同一所科研单位从事电信器材研发工作，不到一年就办理了结婚登记。婚后二人为了攒钱买房，王某辞去科研单位的工作去某一线城市打拼。至此二人便开始了“双城”的生活模式。一年以后，王某的事业小有起色，在当年国庆节，将妻子关某接过去游玩。后在同居的过程中，王某发现关某已经怀孕，王某送关某到医院进行产检，产检结果显示，关某已怀孕三个多月，应当高兴的王某倒高兴不起来，并很快带着妻子回了老家。回到老家之后，王某便听到了有关关某与其他男性同居的风言风语。当年12月，王某向当地人民法院提起了离婚诉讼，并提供了足以证明关某受孕之时自己不在家的相关证据。关某则表示自己很清白，又以女方在怀孕期间男方不得提出离婚为由，请求人民法院驳回王某的诉讼请求。那么，王某的离婚请求会得到法院的支持吗？

律师说法

关某以《婚姻法》第三十四条为由，请求法院驳回其老公的离婚诉讼请求。那么我们就先看看第三十四条是如何规定的："女方在怀孕期间、分娩后一年内或中止妊娠后六个月内，男方不得提出离婚。女方提出离婚的，或人民法院认为确有必要受理男方离婚请求的，不在此限。"乍一看，女方的确有理，但仔细一瞧，此法条的后半段又为在女方怀孕期间法院支持男方提出离婚诉讼请求埋下了伏笔。法律依据如下：

（1）《婚姻法》第三十四条中的前一句话，女方在怀孕期间、分娩后一年内或终止妊娠后六个月内，男方不得提出离婚诉讼。这是对男方离婚自由权进行的限制性规定，体现了法律保护女性的原则。但是，我们不能教条地适用这一句，还必须结合后一句研究该条的立法本意。

（2）一旦王某能够提供证据证实关某存在红杏出墙而受孕的行为，则符合《婚姻法》第三十二条第三款中"重婚或有配偶者与他人同居"的规定，这属于法定的准予离婚的情形之一。因此，只要王某提出离婚诉讼请求，并提供了相关的证据，人民法院就应当支持他的离婚诉讼请求。相反，如果王某无法提供相应证据，只是因"双城"生活等其他原因以"婚外情"为借口提起离婚的，自然不会得到法院的支持。

（3）在司法实践中，“人民法院认为确有必要受理男方离婚请求的，不在此限”主要包括四种情形：①女方怀孕系婚后与他人通奸所致；②女方小产后，身体健康已恢复；③男方受虐待，不堪忍受的；④一方对他方有危害生命、人身安全等情形的。因此，如果女方婚后与他人通奸怀孕，男方提出离婚的，人民法院应该受理。

综上所述，王某只有提供足够证实关某存在婚外情的证据，才会获得法院的支持。

14. 我不能生育孩子，老公就可以跟我离婚吗？

陈某不能生育，其老公王某欲因此与她离婚。陈某和王某是自由恋爱，从相知到相爱，最后登记结婚，成为幸福的一对。婚后前两年，两人因生育孩子问题到处求医问药，可一直无法如愿。由于陈某一直怀不上孩子，夫妻二人因此逐渐产生嫌隙，经常会因为怀孩子的事情发生争吵。一个月前王某已经和陈某分居，同时提出离婚的要求，但陈某并不同意。现在王某诉至法院，请求法院判决二人离婚。那么，女方不能生孩子，男方就可以提出离婚吗？

律师说法

在我国司法实践中，离婚必须是双方“感情确已破裂”，才会得到人民法院的支持。那么，不能生育是否足以达到“感情确已破裂”的标准呢？我们先看一下《婚姻法》第三十二条的规定：男女一方要求离婚的，可由有关部门进行调解或直接向人民法院提出离婚诉讼。人民法院审理离婚案件，应当进行调解；如感情确已破裂，调解无效，应准予离婚。有下列情形之一，调解无效的，应准予离婚：（1）重婚或有配偶者与他人同居的；（2）实施家庭暴力或虐待、遗弃家庭成员的；（3）有赌博、吸毒等恶习屡教不改的；（4）因感情不和分居满二年的；（5）其他导致夫妻感情破裂的情形。一方被宣告失踪，另一方提出离婚诉讼的，应准予离婚。由此可见，我国婚姻法并未将“配偶一方无生育能力”作为判决离婚的法定理由。因此，王某以陈某不能生育为由提起离婚之诉，是不会得到法院支持的。

15. 我采取避孕措施，不想要孩子，老公能因此和我离婚吗？

周某曾经是一家模特公司的签约模特，经常参加各种时尚大片的拍摄工作。后随着年龄的增长，她转型加入了模特公司的管理层，虽然从台前转到了幕后，可周某的身材一直保持得很好。后经人介绍，周某认识了刘某。二人登记结婚后，经过了婚姻初始阶段的甜蜜期，生育的问题就摆在了二人面前。周某的想法是，自己要保持良好的身材，再加上自己并不喜欢小孩子，并且二人世界的感觉很好，没必要生育孩子，所以一直在采取避孕措施。而比周某大了足足十岁，早已步入中年的刘某一直想要个孩子。为了是否生孩子的事情，二人没少拌嘴，可双方都无法妥协。刘某不想再这么过下去了，他想以此事为由提出离婚，那么他会获得法院的支持吗？

律师说法

从上一个案例，我们可以清楚地知道，法院准予离婚的理由中并没有“配偶一方不愿意生育”这一法定条件。之所以把这个案例拿出来和读者分享，是因为笔者准备给读者讲一讲“生育权”的问题。生育权指的是公民享有的自由决定是否生育子女的权利以及获得与此相关的信息和服务的权利。它主要包括以下内容：公民自由而负责地决定生育子女的数量、时间、间隔的权利。公民自由地决定是否生育的权利，即公民有生育的权利，也有不生育的权利。在公民选择不生育子女的时候，也不应当受到歧视。在我国，受传统观念的影响，妇女相对于男性，一直都是受保护的弱势群体，因此，《妇女权益保障法》第五十一条明确规定：妇女有按照国家有关规定生育子女的权利，也有不生育的自由。由此可见，周某选择不生育子女是法律赋予她的自由和权利，采取避孕措施并不能成为法院准予离婚的理由。

16. 老公经常对我家暴，我可以离婚吗？

程某家住某地的小山村，是个老实巴交的农村妇女，每天过着“凿井而饮，耕田而食”的生活。由于丈夫常年在外务工，程某更是扛起了照顾一家老小的重担。原本以为，丈夫会珍惜自己所付出的辛苦，可没想到的是，自从丈夫因工伤不再出去打工之后，便经常在喝完酒之后对她拳打脚踢，致使她遍体鳞伤。虽然程某一忍再忍，可并没有换来丈夫任何的改变，只有一次又一次变本加厉的暴打。身心俱疲的程某为了自身的安全考虑，想起诉离婚。如果她向法院提起离婚诉讼，能够得到法院的支持吗？

律师说法

家庭暴力简称家暴，是一种违法行为，指的是发生在家庭成员之间的，以殴打、禁闭、捆绑、残害或者其他手段对家庭成员从身体、精神、性等方面进行伤害和摧残的非法行为。国务院印发的《中国妇女发展纲要（2011—2020年）》的目标之一就是预防和制止针对妇女的家庭暴力。我国的婚姻法更是明确规定，受害一方因为家庭暴力而提起离婚诉讼的，人民法院应当予以支持。由此可见，程某针对丈夫对其实施家暴行为而提起的离婚诉讼是能够获得法院支持的。

预防和制止针对妇女的家庭暴力，应当加强宣传教育，增强全社会自觉抵制家庭暴力的意识和能力，提高受家庭暴力侵害妇女的自我保护能力。完善预防和制止家庭暴力多部门合作机制，以及预防、制止、救助一体化工作机制。

17. 老公是个“赌鬼”，我可以离婚吗?

白某的老公余某是个做买卖的小老板，工作之余他很喜欢和别人打麻将，并美其名曰“小赌怡情”。周围的人都知道“十赌九输”，可余某并不这么认为，生意做得风生水起的同时，打麻将的筹码也越来越大，几十块、几百块的彩头已经不能满足余某的赌瘾。染上毒瘾的余某没心思再去经营生意，把所有的精力都花在了各种赌局上，其间还曾因为赌博被行政拘留过，但被释放出来的余某依然我行我素，恨不得一天24小时都扑在麻将桌上。这让白某每天都活在破产的恐惧中，在和余某多次沟通无果且对方变本加厉的情况下，白某不想让自己这些年的努力都打水漂，决定和老公余某离婚。如果白某打离婚官司，她能否胜诉?

律师说法

依据我国法律规定，有赌博恶习且屡教不改，经人民法院调解无效的，应当准予离婚。本案中，白某的老公就属于有赌博恶习且屡教不改的情况，如果在离婚之诉中，双方无法达成调解，受诉人民法院应当判决白某和余某离婚。

18. 分居四年后，我可以离婚吗？

孙某和陈某在一起做生意期间，日久生情，便在当地登记结婚，摆了喜酒宴请宾朋。由于二人的生意越做越大，丈夫陈某出去应酬的时间自然就越来越多，孙某起初并不在意，因为自己也是做生意的，平时也少不了出去应酬。但后来孙某发现自己怀孕了，非常希望陈某能陪伴在自己身旁。事与愿违，陈某不仅没有陪在孙某的身边照顾她，反倒在外面找了“小三”，搞起了婚外情，这让有孕在身的孙某气不打一处来。最令孙某难受的是，陈某在外面找的“小三”竟然主动上门找其吵闹，最终直接导致孙某流产。孙某便铁了心要和陈某离婚，可陈某因为生意上的利益关系，并不打算和孙某离婚，二人之后过起了有名无实的分居生活，这一分居就是四年。现在孙某想通过法院解决此事，她的离婚请求是否能够得到支持？

律师说法

依据我国法律规定，因感情不和分居满二年，经过人民法院调解不能和好的，应当准予离婚。本案中，孙某和陈某因感情不和分居长达四年，如果孙某不同意调解，法院应当判决二人离婚。

19. 我擅自做了人流，老公可以提出离婚吗？

韩某是一位职业模特，正处于事业的上升期，片约不断，经纪人还给她争得了上大荧幕的机会。虽然很多人都劝她别在这么年轻的时候就把自己嫁出去，但她还是和热恋男友登记结婚了。因为她相信，家庭并不是事业的拖累，而是事业发展的坚强后盾。韩某的老公许某是一位年过四十的商人，很注重家庭氛围，所以非常希望韩某能给他生一个孩子。而韩某却认为自己处于事业的上升期，不能让孩子拖累自己的发展，所以便和老公商量，三年之后再要孩子。禁不住韩某的“耳旁风”攻势，许某答应了韩某晚三年要孩子的请求。但许某的家人认为许某已经年过四十，同龄的很多人中，孩子都上学了，所以就一直催促许某赶紧解决生孩子的问题。经不住家里的万般催促，许某便自作主张，在避孕措施上做了手脚，最终导致了韩某怀孕。事后韩某得知许某的所作所为，很是伤心和生气，便在没有和许某商量的情况下，擅自去医院做了流产手术。得知此事的许某更是怒气冲冲，扬言要和韩某离婚，而此时的韩某也感觉到有些后悔，认为自己不应该在不和许某商量的情况下就打掉孩子，还是太冲动了，所以她很想挽回这段婚姻。那么，男方能以此为由提出离婚吗？

律师说法

在我国，生育权是一项重要的权利，无论男女均享有生育权。我国的《妇女权益保障法》就专门规定，妇女既享有生育孩子的权利，也享有拒绝生育孩子的权利，严禁将妇女当成传宗接代的工具，将对妇女的生育保护提高到法律的高度。但是随着社会的发展，男女之间的权利已经趋于平等，再过分强调保护妇女的生育权而降低对男性生育权的保护，也失之偏颇。为此，《最高人民法院关于适用〈中华人民共和国婚姻法〉若干问题的解释（三）》专门就因生育权纠纷而提起的离婚之诉作了具体的规定，即夫以妻擅自中止妊娠侵犯其生育权为由请求损害赔偿的，人民法院不予支持；夫妻双方因是否生育发生纠纷，致使感情确已破裂，一方请求离婚的，人民法院经调解无效，应依照《婚姻法》第三十二条第三款第（五）项的规定处理。本案中，许某可以因周某擅自终止妊娠提起离婚之诉，但最终法院是否作出离婚判决，还是要看许某和周某之间的感情是否已经到了"确已破裂"的地步，这也是需要其他证据予以佐证的，法院并不会因为韩某擅自作出流产的决定，就武断地作出离婚判决。

20. 老公与别人同居后，他可以要求离婚吗？

高某家境贫寒，经人介绍和刘某登记结婚，但由于拿不出彩礼，家里又急用钱，便入赘刘某家。高某自打入赘后，虽然一直很努力地为了家庭而拼搏，但一直被刘某家的亲朋好友瞧不起，刘某也总是对高某呼来喝去的，这让高某的自尊心很受打击。高某并不想为此和刘某的家人发生冲突，便主动提出搬出去住，而刘某却不答应。高某只好自己搬到临县去住，并在该县重新找了一份工作。在工作中，高某结识了善解人意的袁某，袁某在得知了高某的遭遇后，觉得和高某同为天涯沦落人，便和高某在一起同居，对外宣称自己和高某是夫妻，高某也不否认，这使得周围的邻居都认为高某和袁某为夫妻。在得知丈夫高某竟然和别人在外同居的消息后，刘某便怒气冲冲地报警，举报了高某和袁某自称是夫妻而同居的事实。而刘某担心老公因此跟她离婚，那么，高某可以要求法院判决离婚吗?

律师说法

在我国，法院判决配偶双方离婚的标准，就是“夫妻感情确已破裂”，而如何衡量夫妻感情确已破裂，法律又进一步作出了明确规定：有配偶者与他人同居或者重婚的，经法院调解无效的，应当准予离婚。本案中，高某在外和他人同居，并对外宣称是夫妻，因此，如果高某提出离婚之诉后，经法院调解无效的，人民法院应当作出准予离婚的判决。

21. 老公患有精神病，我们协议离婚有效吗？

刘女士和丈夫海先生从小青梅竹马，两小无猜，长大后更是走在了一起，恋爱、结婚、生子，仿佛一切都那么顺利。但是后来，海先生因为工作的原因受到了很大的打击，便出现了精神恍惚等症状，经相关部门坚定，海先生患上了严重的精神疾病。海先生在没有犯病的状态下很是苦恼，他并不想拖累刘女士，因为他知道自己这个病一旦发作起来很容易攻击刘女士，给刘女士造成伤害，所以刘女士便在他神志清醒的时候让他签了离婚协议。而海先生的亲属却认为这是刘女士想甩开海先生这个包袱，因此，并不认可二人之间的离婚协议。刘女士想知道，她和患有精神疾病的丈夫达成的离婚协议是否有效？

律师说法

本案中，刘女士在海先生患有严重精神疾病的情况下和海先生达成了离婚协议，虽然刘女士声称是海先生在神志清醒的情况下签署的，但在司法实践中，应当由专门的机构对海先生的精神状况作出鉴定，如果鉴定结果显示海先生属于丧失民事行为能力的精神病患者，那么他和刘女士所达成的离婚协议便是无效的。

22. 夫妻生活不正常，法院是否可以准予离婚？

叶某和付某二人通过互联网聊天认识，有一种相见恨晚的感觉，很快便登记结婚，属于因“网恋”而“闪婚”的配偶。然而二人相互认知仅限于互联网聊天的内容，对彼此现实中的真实情况均不甚了解。结婚后，叶某与付某总是因为琐事发生矛盾，叶某认为对方在很大程度上欺骗了他，无法与其生活，所以拒绝和对方同居，亦没有建立夫妻感情的基础。像他们这种根本没有夫妻生活的配偶，一方去法院起诉离婚，法院会准予离婚吗？

律师说法

依据我国法律规定，婚前缺乏了解，草率结婚，婚后未建立起夫妻感情，难以共同生活，一方起诉离婚，经法院调解无效的，法院应准予判决离婚。本案中，叶某和付某缺乏现实中的了解，相互认知仅限于虚无缥缈的互联网聊天内容，草率结婚后，又未在一起同居生活，并且一方提出没有建立夫妻感情的基础，如果法院经过调解无效，应当判决准予双方离婚。

23. 老公重婚，我是否有权要求离婚损害赔偿？

高某年幼的时候父母就离异了，他一直跟着父亲生活。由于生母跟别人又生了一个孩子，根本无暇关爱高某，所以他一直很缺少母爱。长大后，高某认为一定要找一位相貌跟母亲很像的女性结婚。吴某是在朋友聚会上认识高某的，两人一见钟情，高某自然是因为吴某长得像母亲，才钟情于吴某。但当二人真正结婚生活在一起之后，高某才发现，吴某之所以长得像自己的母亲，是因为后天整容所致，其原本的面貌并不如此，这让高某有一种受骗的感觉，从此便开始和吴某开展长达半年的冷战。而半年后的某一天，吴某无意间得知高某在外面已经和郑某同居长达半年，二人还在郑某的老家办了一场婚礼，郑某的亲朋好友都已经认可二人的夫妻关系，这让吴某很是伤心，认为高某最初爱的不是自己，只是因为自己长得像他母亲，现在又用重婚的行为来伤害自己，致使自己受到很大的感情创伤。丈夫重婚，吴某是否有权要求离婚损害赔偿？

律师说法

依据我国法律规定，因重婚而导致离婚的，无过错方有权要求损害赔偿。本案中，吴某整容并无过错，相反，高某和郑某重婚的事实有据可证，即郑某的亲属都认可二人的夫妻关系。因此，无过错的吴某在离婚诉讼中有权利要求高某赔偿基于重婚而造成的损害。

24. 妻子怀孕期间丈夫与他人同居，离婚时可否要求精神损害赔偿？

孙某在怀孕期间和丈夫高某离了婚，二人离婚的原因是高某自称和孙某缺少沟通，勉强在一起也是互相拖累。孙某在孕期本身脾气就不好，有抑郁的症状，听到丈夫如此说，便一气之下决定和高某离婚。但办理离婚手续前，孙某才发现前夫高某和自己离婚的原因并不是所谓的"缺少沟通"，而是高某早在自己刚怀孕的时候，就已经和杨某在外同居，高某也不否认同居导致离婚的事实。孙某在这种情况下，是否可以要求精神损害赔偿？

律师说法

依据我国法律规定，与他人同居而导致离婚的，无过错方有权利要求过错方承担损害赔偿责任。本案中，高某和杨某同居是高某提出和孙某离婚的主要理由，因此，孙某可以此为由要求高某承担损害赔偿责任。

25. 丈夫通过网络搞婚外情，我是否可以获得赔偿？

张某的丈夫尹某是一位网络工程师，负责数十个网络平台的安全维护工作，因此，他花在网络上的时间占据了其主要的生活。但是最近两个多月，尹某经常以加班为由，将原本可在家里完成的维护网络工作都挪到单位去做。起初张某并未有任何怀疑，但后来，张某的一位朋友告诉张某，说她在某个网络视频交友平台看见尹某和另外一名女士同处一室与网友聊天，而时间刚好是尹某加班的那些晚上。张某按照朋友的提示打开该网络视频交友平台，注册会员之后，在某特定聊天室内果然看见尹某和另外一名女士以夫妻主持的身份在和网友公开视频聊天，并对外宣称自己和这位女士是通过这个交友平台认识，最后喜结连理的，还向聊天室的网友详细介绍了二人相知、相恋和婚后同居生活的过程。而众多不明真相的网友早已把他们二人认定成“因网恋而走在一起的夫妻”，二人获得了大多数人的认可和赞同。张某在朋友的帮助下，将二人在聊天室的种种行为进行了录像，作为证据予以保留。针对丈夫的这种出轨行为，离婚时张某能否提出离婚损害赔偿？

律师说法

依据我国法律规定，因重婚而导致离婚的，无过错方有权要求过错方承担损害赔偿责任。本案中，虽然重婚的行为表面上是发生在互联网上，但实际上还是发生在现实生活中，只不过是通过互联网这个平台对外传播出去的。张某的录像证据足以证明尹某和某位女性长期保持同居关系，并且大多数网友都认为二人是夫妻，这些都说明了尹某和某位女性之间是一种重婚关系，因此，张某如果提起离婚之诉，当然可以向尹某要求离婚损害赔偿。

26. 我隐瞒了结婚前就怀孕的事实，丈夫可以提出离婚吗？

吴某是一个长期在外务工的农民工，经过数年的打拼，他积攒了一笔不小的财富。后来吴某经人介绍，认识了比自己小五岁的孙某，面容姣好的孙某给吴某留下了深刻的印象，经过几次接触，二人很快便确立了恋爱关系，3个月后就在当地领取了结婚证。可就在新婚3个月之后，吴某发现妻子孙某的肚子越来越大，经过医院的检查，孙某已经怀孕7个月。吴某就此事质问妻子孙某，孙某在事实面前只好向吴某承认，自己在认识吴某之前，曾经和他人有过性行为。吴某觉得孙某给自己戴了绿帽子，自己的媳妇怀了别人的孩子，无疑令自己颜面扫地，于是决定向孙某提出离婚，并要求孙某赔偿精神损失。但孙某却不想和吴某离婚，因为孙某自知如果是因为怀了别人的孩子而被抛弃，自己将来更嫁不出去了。在这种情况下，男方是否可以提出离婚并要求赔偿？

律师说法

根据《婚姻法》第三十四条的规定，女方在怀孕期间、分娩后1年内或中止妊娠后6个月内，男方不得提出离婚。女方提出离婚的，或人民法院认为确有必要受理男方离婚请求的，不在此限。从本条文可知，一般情况下男方不得在女方怀孕期间提起离婚诉讼，但如确有必要，法院应受理男方的离婚请求。本案中，孙某怀的并非吴某的孩子，并且对吴某隐瞒事实，属于有过错的一方，吴某可以向法院提起离婚诉讼。

27. 双方都有过错，离婚时是否都可以请求损害赔偿？

陈某是一位舞者，林某是一位歌者，二人在录制某档文艺节目时相识，后经过短暂热恋就登记结婚了。二人由于职业的原因，经常出差表演，一年也见不了几次面。随着时间的推移，二人因聚少离多产生了不少的矛盾，且双方都各自在外面跟别人有了同居生活。在一次激烈的争吵之后，双方互不相让，陈某决定去法院起诉离婚，林某扬言只要陈某去法院起诉，他就揭露陈某跟外人同居的事实，陈某也不甘示弱，对林某宣称她也会在法庭上将林某与外人同居的事实抖出来。现在的情况是，双方均准备在法庭上主张对方是有过错的一方，那么离婚时双方均有过错的，是否都可以请求离婚损害赔偿？

律师说法

依据我国法律规定，双方均有过错（包括重婚的、有配偶者与他人同居的、实施家庭暴力的、虐待或遗弃家庭成员的），一方或者双方向对方提出离婚损害赔偿请求的，人民法院不予支持。本案中，陈某和林某均存在有配偶者与他人同居的过错，因此，双方均不能向对方提出离婚损害赔偿的诉讼请求。

28. 丈夫因重男轻女经常打我，我可以要求赔偿吗？

宫女士婚后生育了两个可爱的女儿，但丈夫沈某深受“重男轻女”的封建思想毒害，对宫女士生了两个女娃非常不满意，经常借此打骂宫女士。为此宫女士也没少报警，但收效甚微，毕竟是家事，外人也不好插手。最近夫妻二人又因为生男还是生女的问题发生了激烈的争吵，沈某又将拳头挥向了宫女士，导致宫女士遍体鳞伤。宫女士怎样才能提起因家庭暴力而导致的损害赔偿之诉？

律师说法

依据我国法律规定，因家庭暴力而导致的离婚损害赔偿，必须是在提起离婚之诉之时提起，如果不提起离婚之诉，而只是单独提起损害赔偿之诉的，法院不予受理。本案中，宫女士如果想获得损害赔偿，必须在提出离婚之诉之时提起，否则法院将不予受理。

29. 如何在离婚之诉中确定精神损害赔偿金数额?

与丈夫金某结婚十余年间，华某经历着不为人知的家暴生活。由于经常受到老公的家暴，华某和老公已经分居，但老公还是经常骚扰她，并且在一次争执中将她打伤住院。因此，华某下决心和金某打离婚官司，并打算要求对方支付精神损害赔偿。她在离婚诉讼中可以要求对方支付多少数额的精神损害赔偿?

律师说法

在离婚之诉中，为了更好地保障受伤害一方的利益，法律赋予了该方提起离婚损害赔偿的权利，那么该如何确定精神损害赔偿的数额？可以从以下几点考虑：

（1）加害方的过错程度。给受害人造成情绪方面的伤害、造成精神方面的严重伤害，都应酌情增加抚慰金的数额，如果加害方只是有轻微的过失行为，抚慰金也可以相应减少。

（2）精神损害程度。即受害人所遭受精神伤害和精神痛苦的程度，如是否出现了恐惧、焦虑、愤怒、沮丧、悲哀等情绪方面的障碍，是否因精神和感情受到损害导致身体方面出现疾病，是否伴有抑郁、恍惚并影响生活、工作，是否患上精神类疾病。由于受害方受到的损害结果涉及人身和精神两方面，必要时，还可以委托第三方作出相应的鉴定。

（3）侵权损害的具体情节。比如，家暴的伤害情节、重婚和同居的恶劣程度等。

（4）受诉人民法院所在地的经济条件。请求的具体数额应当与当地经济条件、生活水平相适应，如生活水平高的地方，法院会支持的精神损害赔偿金额相对高些，经济不发达的地方，自然就相对低些。

30. 离婚的时候丈夫偷偷转移财产，我该怎么办？

王某和刘某结婚七年，正逢“七年之痒”，平日里两人之间老是磕磕绊绊，因为一点小事就会拌嘴。刘某认为双方的婚姻已经走到了尽头，便向王某表达了离婚的意向。但王某认为他们正处于“七年之痒”的阶段，吵架拌嘴很正常，所以不同意离婚。于是二人又在磕磕绊绊的生活节奏中一起生活了半年。半年之后的某天，王某突然向刘某提出离婚的要求，并对刘某讲：“既然你半年前提出了离婚的请求，经过半年的思考，我认为咱们二人确实并不适合在一起，所以还是离婚吧。”这让刘某感觉有些突然，不知道是什么改变了王某的想法。但性格一向要强的刘某认为王某既然同意离婚了，那她也没什么可牵挂的了，就同意了王某的离婚请求。就在刘某着手办理离婚手续之时，突然有人告诉她，王某上个月买彩票中了一等奖，奖金数额有几百万之多。这让刘某彻底明白为什么王某突然跟她提出离婚了，原来是有钱了，要抛弃“糟糠之妻”。可刘某去银行查了王某的银行户头，发现账户上的几百万奖金早已被王某取走。丈夫在离婚时故意转移财产，刘某能否要求赔偿？

律师说法

依据我国法律规定，离婚时一方隐藏、转移、变卖、毁损夫妻共同财产，或伪造债务企图侵占另一方财产的，分割夫妻共同财产时，对隐藏、转移、变卖、毁损夫妻共同财产或伪造债务的一方，可以少分或不分。离婚后，一方发现对方有上述行为的，可以向人民法院提起诉讼，请求再次分割夫妻共同财产。本案中，刘某可以向法院提出多分财产的诉求，以此惩戒王某转移财产的行为。

热线咨询

1. 婚后女方家长出资购买并登记在女方名下的房产，属于夫妻共同财产吗？

对于每个人来说，房产都属于家庭财产中重要的组成部分，特别是在房价日益上涨的今天，对于刚工作的年轻人来说，独立购买一套房产几乎是不可能的。所以很多家长会拿出自己毕生的积蓄，为子女出资购置房产。司法实践中，婚后由父母出资购置房产的案例比比皆是，但有的家长就有顾虑，担心自己毕生的存款可能会随着儿女婚姻关系的破裂付诸东流。因此，《最高人民法院关于适用〈中华人民共和国婚姻法〉若干问题的解释（三）》就明确规定，婚后由一方父母出资为子女购买的不动产，产权登记在出资人子女名下的，视为只对自己子女一方的赠与，该不动产应认定为夫妻一方的个人财产。

2. 人身安全保护令的措施包括哪些？

家庭暴力会使受害者在肉体和精神上受到双重伤害，严重损害其人体健康和人格尊严。家暴受害者可以依法向人民法院申请人身安全保护令。《反家庭暴力法》第二十九条规定："人身安全保护令可以包括下列措施：（一）禁止被申请人实施家庭暴力；（二）禁止被申请人骚扰、跟踪、接触申请人及其相关近亲属；（三）责令被申请人迁出申请人住所；（四）保护申请人人身安全的其他措施。"

3. 男方恶意转移财产，离婚时女方可以要求赔偿吗？

离婚之时，由于夫妻关系破裂，司法实践中常见一方为了占有更多的财产，会采取各种方式转移财产的行为。为了杜绝这种行为的发生，保护另一方的合法权益，《婚姻法》第四十七条规定，离婚时，一方隐藏、转移、变卖、毁损夫妻共同财产，或伪造债务企图侵占另一方财产的，分割夫妻共同财产时，对隐藏、转移、变卖、毁损夫妻共同财产或伪造债务的一方，可以少分或不分。离婚后，另一方发现有上述行为的，可以向人民法院提起诉讼，请求再次分割夫妻共同财产。

4. 离婚之时，债主突然现身说男方欠下高额债务，女方需要偿还吗？

判断一方所欠债务是否属于共同债务，需要分清以下几种情况：

（1）夫妻双方共同签字或者夫妻一方事后追认等共同意思表示的债务，应当认定为夫妻共同债务。

（2）夫妻一方在婚姻关系存续期间以个人名义为家庭日常生活需要所负的债务，债权人以属于夫妻共同债务为由主张权利的，人民法院应予支持。

（3）夫妻一方在婚姻关系存续期间以个人名义超出家庭日常生活需要所负的债务，债权人以属于夫妻共同债务为由主张权利的，人民法院不予支持，但债权人能够证明该债务用于夫妻共同生活、共同生产经营或者基于夫妻双方共同意思表示的除外。

因此，如果该笔债务并未用于家庭生活开销，债权人又无法提供相应证据，女方拒绝认可的，可以不予偿还。

5. 因男方出轨而离婚，可以申请法院调取哪些证据？

“打官司，就是打证据”，一起诉讼的胜败关键往往在于证据是否确实充分。但是在司法实践中，由于各种原因，诉讼当事人往往会面临取证难的问题，有些就需要申请法院调查取证，主要包括下列情形：

（1）申请调查收集的证据属于国家有关部门保存并需人民法院依职权调取的档案材料。

（2）涉及国家秘密、商业秘密、个人隐私的材料。

（3）当事人及其诉讼代理人确因客观原因不能自行收集的其他材料。

6. 离婚之诉中，收集录音证据有哪些注意事项？

录音证据是离婚诉讼案件中常见的一种证据，一份合法有效的录音证据必须具备如下条件：

（1）录音证据必须是真实的，不能是经过剪切、拼接等技术手段伪造或者修改过的。

（2）录音证据必须是合法的，主要指的是录音证据的取得过程必须是合法的。

（3）如果对方不认可经过核对无误的录音证据，但又未提供相反证据的，人民法院应当确认该录音证据的证明力。

为了保证所取得的录音证据符合上述特点，就需要注意以下问题：

（1）在录音设备上，尽量采取录音效果好、质量过硬的设备。

（2）在录音时间上，应当尽快且当面录音，避免对方察觉。

（3）在录音过程上，应当尽量在安静无吵闹的环境中录音。

（4）在录音的交谈上，说话语气应当平和不急躁，避免对方起疑心。

（5）在录音的准备上，应当事先准备好录音的目的、事项以及如何使对方说出真话等计划。

（6）如果条件允许，最好向对方表明自己正在录音，以防对方日后否认录音的真实性。

7. 离婚之诉中，非法获取的证据能否被法院采信?

依据我国法律规定，未经对方同意，侵害他人合法权益，如通过违反社会公共利益或者社会公德、侵害他人隐私或者违反法律禁止性规定的方法所取得的证据，不能作为认定案件事实的证据。司法实践中，有的当事人利用间谍监控器材拍摄到的出轨证据，属于非法证据，将不会获得法院的采信。

8. 未成年子女能否在离婚案件中作为证人?

在离婚诉讼中，子女出庭作证屡见不鲜，依据法律的规定，凡是知道案件情况的单位和个人，都有义务出庭作证。有关单位的负责人应当支持证人作证。不能正确表达意思的人，不能作证。由此可以看出，无论是成年子女还是未成年子女均可以作证。但是，未成年子女证言的效力如何？应当综合加以分析，即在年龄、智力、精神发展状况等方面加以考量。

9. 什么是重婚罪? 哪些情形属于重婚?

重婚罪，指的是有配偶者又与他人结婚或者明知道他人有配偶而与之结婚的犯罪行为。具有以下情形的，属于重婚：

（1）与配偶登记结婚，又与他人登记结婚而重婚，即存在两个法律婚而重婚。

（2）与原配偶登记结婚，进而又与他人虽然没有进行婚姻登记，但对外以夫妻名义而同居生活，且周围邻居皆认为二人是夫妻的。

（3）虽然没有配偶，但明知对方有配偶而与之登记结婚或者对外以夫妻名义而同居生活，且周围邻居皆认为二人是夫妻的。

10. 配偶一方婚前购买房屋，婚后另外一方参与还贷，离婚时房产如何分割？

依据我国法律规定，夫妻一方婚前签订不动产买卖合同，以个人财产支付首付款并在银行贷款，婚后用夫妻共同财产还贷，不动产登记于首付款支付方名下的，离婚时该不动产由双方协议处理。

双方不能达成协议的，人民法院可以判决该不动产归产权登记一方，尚未归还的贷款为产权登记一方的个人债务。双方婚后共同还贷支付的款项及其相对应财产增值部分，离婚时应根据《婚姻法》第三十九条第一款规定的原则（即离婚时，夫妻的共同财产由双方协议处理；协议不成时，由人民法院根据财产的具体情况，照顾子女和女方权益的原则判决），由产权登记一方对另一方进行补偿。

11. 婚后双方父母出资为小两口购置的房产，如果离婚，该房产如何分割？

随着房价的不断攀升，年轻人在婚后几乎无力购买房屋，这时就会由一方或者双方的父母出资购买。依据我国法律规定：由双方父母出资购买的不动产，产权登记在一方子女名下的，该不动产可认定为双方按照各自父母的出资份额按份共有，但当事人另有约定的除外。

12. 女方婚前全款购买房屋，婚后拿到房本，离婚时男方有房产份额吗？

由于是女方婚前购买的房产，并且是全款支付，虽然是婚后才拿到不动产登记证书，但无共同还贷情形，所以与男方无关，离婚时，男方无法获得该房产的份额。

温馨贴士

自中华人民共和国成立以来，政府在妇女权益保障方面，运用法律等手段使妇女的权益状况有了历史性的改善，使男女享有平等的地位，消除在日常生活及工作就业方面对妇女的歧视。尤其是在我国的诸多立法中，既有根本法《宪法》，也有传统部门法《民法总则》《刑法》等对男女平等的原则性规定和保障，既有如《婚姻法》《继承法》《反家庭暴力法》等对所涉及妇女相关权益的一般性规定，也有如《妇女权益保障法》这一专门基本法对妇女权益的全面保护和具体落实。

第二章

侵权保护

案例直击

1. 在地铁上遭遇色狼猥亵，该怎么办?

某公司白领关某平日里都是坐地铁上下班，虽然已经在该公司工作了半年有余，但还是对每天早晚高峰地铁的拥挤程度感到发怵。令她没想到的是，某天她在乘坐地铁5号线的过程中，竟然遭遇色狼的猥亵，起初她还以为对方不是故意的，挪了位置后，那个色狼依然跟过来对其动手动脚，并多次用手抚摸其大腿等敏感部位，甚至还掏出性器官顶关某的臀部。这让关某非常反感和害怕，就在她准备下车躲避色狼的时候，旁边的两名男子突然对色狼出手，将其按倒在地。色狼在挣扎过程中，将其中一名男子的手指咬伤，事后经鉴定已经构成轻伤。原来，这两名男子是便衣民警，接到群众举报，有一名男子多次在这条地铁线路上猥亵侵犯上下班的女性，经过多日来的侦查，终于将这名地铁色狼逮捕。那么，在地铁上被猥亵，应该怎么办?

律师说法

近年来，在公共交通工具上猥亵妇女的案例屡见报端，女性朋友在乘坐公共交通工具时，该如何防范被色狼猥亵呢？

（1）不要畏惧，大声呵斥、寻求帮助

大多数色狼一般都是利用公共交通工具上拥挤的人群作为掩护，通过故意贴身、用肢体触摸、偷拍等方式进行猥亵、骚扰。从犯罪心理角度讲，这部分群体多数缺乏自控能力，胆小怕事，一旦受害人大声呵斥，他们会立即停止违法行为。同时，大声呵斥还会引来同乘群众的注意，帮忙抓住违法嫌疑人。

（2）寻找摄像头，方便取证

如今的公共交通工具基本上都安装了摄像头等监控设备，候车或者乘车时，如果发现有猥亵的可疑分子，可就近站到摄像头下，通过摄像头拍下猥亵嫌疑人的体貌特征，为将来维权保留证据。

（3）拨打“110”，寻求民警帮助

报警是最快速有效的方法，寻求民警帮助，让猥亵嫌疑人受到法律的制裁。

（4）向可靠男性乘客求助，将色狼吓退

报警后警察还没赶到时，女性朋友可在车厢里向可靠男乘客寻求帮助，这也是吓退色狼的有效方法之一。

（5）协助警方制作笔录

为让色狼受到应有的法律制裁，受害者需要积极协助警方制作报案笔录，提供详细的受侵害经过和相关证据，以便将嫌疑人绳之以法。

2. 孙女在饭店吃饭，被火锅烫伤，责任谁来担？

高某的孙女刚刚满月，家人为了给她庆祝，约了亲朋好友来到某饭店开派对，席间，高某的孙女得到了大家最真挚的祝福与赞美。该饭店有一道特色菜叫“锅仔香辣鱼”，但就是这么一道令人“垂涎三尺”的美味佳肴，在上菜时，由于温度过高，一位新来的服务员没有端好，将该锅仔砸到了高某的孙女身上，致使她身上百分之三十的皮肤被烫伤。高某想知道，出现此种烫伤事故，谁来承担侵权责任？

律师说法

依据我国法律规定，宾馆、商场、银行、车站、娱乐场所等公共场所的管理人或者群众性活动的组织者，未尽到安全保障义务，造成他人损害的，应当承担侵权责任。被侵权人对损害的发生也有过错的，可以减轻侵权人的责任。本案中，餐馆应当为消费者提供安全可靠的就餐环境，因此，锅仔倾倒烫伤了消费者，餐馆应当承担侵权责任。但是刚满月的婴儿属于无民事行为能力人，其父母作为法定监护人应当尽到保障未成年人安全的义务，将一个刚满月的婴儿置于餐馆这种人头攒动的环境中，理应打起十二分精神，否则很容易出现被桌椅碰撞、被破碎餐具扎伤、被火具烫伤等危险。本案中，监护人存在一定的监护失职问题，属于监护不当，因此，应当由经营者承担主要责任，受害者的父母承担次要责任。

3. 有人喝醉耍酒疯将我打伤，责任由谁承担？

炎热的夏日让人昏昏欲睡，仿佛只有夜晚才能让人清醒。李某是某公司的网管，累了一天，热了一天，下班后就约上朋友去当地的夜市大排档喝啤酒乘凉。李某本身就不胜酒力，再加上白天工作的辛苦劳累，很快便醉了。第二天，李某酒醒时发现自己竟然在派出所。身穿制服的民警高某告诉李某，李某当晚醉酒后便和邻桌的人起了冲突，将邻桌的一名女性陈某打伤，直到警方达到后，才控制住了局面。后来警方调查得知，原来，和李某一起出来喝酒的张某知悉李某不胜酒力，只要一沾酒就醉，容易受他人教唆做出一些暴力的事情来。而被打伤的陈某是某公司财务，平日里就和张某因工作问题有积怨，于是张某便利用了李某的弱点，借机灌醉李某后教唆李某殴打陈某。在这种情况下，教唆李某的高某是否需要承担责任？

律师答疑

教唆侵权行为，指的是教唆侵权行为的人并不直接实施对他人的侵害行为，而通过鼓动、怂恿、刺激等方法使他人实施侵害行为。本案中，张某明知李某不胜酒力，在醉酒的状态容易受人教唆，可能做出一些侵害行为。其为了报复陈某，故意教唆李某对陈某实施暴力行为，依据我国的法律规定，教唆、帮助他人实施侵权行为的，应当与行为人承担连带责任。因此，张某和李某在本案中应当承担连带责任。

4. 在商场购物被人打伤，责任谁来担？

又是一年国庆长假，各大商场都在如火如荼地进行商品促销活动。某大型商场就正在搞一场家电让利活动，折扣力度非常大。因为商场采取凭“折扣号牌”的形式进行打折，所以很多人早早地来到商场门外排队领取“折扣号牌”，并且越排在前面的人，越能领到折扣大的“折扣号牌”。当赵某来到商场门外领取“折扣号牌”时，发现很多大折扣的号牌早就被人领光了，自己只领取了打九折的“折扣号牌”，这让赵某感觉很憋屈，不满意自己一大早就来排队，却领到这么一张没什么意义的折扣号牌。来到家电卖场内，他看见很多人都心满意足地买到了折扣很大的家电，便怒气冲头，冲着一个离他很近的消费者吼道：“你踩我脚了，知道吗？”那个消费者被吼得有些丈二和尚摸不着头脑，便对赵某说：“我没踩到你脚啊。”“嘿，别看你是个女人，老子今天也非得收拾收拾你！”结果五大三粗的赵某便将这个女性消费者揍了一顿，之后扬长而去，商场也没有人敢出手管理此事。事后，被打的消费者刘某找到商场要求赔偿损失，但商场却以并不是商场员工实施殴打行为为由拒绝赔偿。在此事件中，应当由谁来承担责任？

律师说法

依据我国法律规定，宾馆、商场、银行、车站、娱乐场所等公共场所的管理人或者群众性活动的组织者，未尽到安全保障义务，造成他人损害的，应当承担侵权责任。因第三人的行为造成他人损害的，由第三人承担侵权责任；管理人或者组织者未尽到安全保障义务的，承担相应的补充责任。本案中，赵某故意找碴出气，将刘某殴打致伤，应当承担主要责任，但在赵某打人的过程中无人劝阻和赵某打完之后扬长而去，又显示出商场没有尽到安保义务，因此，商场应当对刘某受到的伤害承担补充责任。

5. 我被网购的手机炸伤，责任谁来担?

一年一度的电商促销节又开始了。刘某是一名平面模特，对手机的要求很高，平日里要用手机来晒朋友圈、发美图。幸运的是，刘某在某电商网站以“秒杀价”抢到了一款心仪已久的手机。刘某收到手机后，自然是爱不释手，只要一有空闲，就会拿出来自拍。可好景不长，在收到货后的第三天，该手机突然发生爆炸将刘某炸伤。事后通过检测，发现该手机曾经进过水，根据该品牌手机的保修条例，进水属于保修免责条款，手机厂商因此拒绝给刘某赔偿治疗费用。而刘某觉得太冤了，自己每天都是小心翼翼地使用该手机，绝不可能有过导致手机进水的行为，便联系了当地几家媒体，通过媒体的帮助，该电商终于给了刘某一个说法："经本公司查明，刘某的手机进水系快递公司在运输的过程中因保管仓库漏水所致。"在如此情形下，刘某可以向谁索赔？

律师说法

依据我国法律规定，因运输者、仓储者等第三人的过错使产品存在缺陷，造成他人损害的，产品的生产者、销售者赔偿后，有权向第三人追偿。本案中，虽然该手机的故障是由于快递公司仓库漏水所致，但消费者依然可以找手机的生产者或者销售者即该电商索赔，之后手机的生产者或者该电商可以向快递公司追偿。

6. 乘坐免费娱乐设施受伤，责任谁来担？

郭某老来得子，有一个 5 岁的女儿，他对女儿疼爱有加，只要是女儿提出的要求，郭某基本都会满足。某个周六，刚好赶上女儿的生日，郭某带着女儿去当地的游乐场游玩，该游乐场还为当天过生日的消费者提供部分免费游玩的项目。令所有人没想到的是，郭某女儿乘坐的一架旋转飞翔的飞行器在上升的过程中，突然在高空停止，之后又急速降落，导致郭某女儿身体受伤。事后，该游乐场以娱乐项目系免费提供为由，拒绝赔偿。郭某女儿受到的伤害，该由谁来承担责任？

律师说法

依据我国法律规定，宾馆、商场、银行、车站、娱乐场所等公共场所的管理人或者群众性活动的组织者，未尽到安全保障义务，造成他人损害的，应当承担侵权责任。经营者应当保证其提供的商品或者服务符合保障人身、财产安全的要求。对可能危及人身、财产安全的商品和服务，应当向消费者作出真实的说明和明确的警示，并说明和标明正确使用商品或者接受服务的方法以及防止危害发生的方法。从事住宿、餐饮、娱乐等经营活动或者其他社会活动的自然人、法人、其他组织，未尽合理限度范围内的安全保障义务致使他人遭受人身损害，赔偿权利人请求其承担相应赔偿责任的，人民法院应予支持。本案中，游乐场的经营者在郭某女儿生日当天为其提供免费的娱乐服务，理应尽到安全保障义务，但由于其娱乐设施突发故障，导致郭某女儿受伤，存在侵权与受害之间的因果关系，因此，该游乐场在此次事故中应承担全部的侵权责任。

7. 我被从桥上扔来的石子砸伤，谁来承担责任？

王某家旁边有一座老天桥，天桥承载着他童年无数的欢乐，虽然王某如今已成家立业，但那座老天桥依然是他心中美好的记忆之一。这日王某下班后，约上发小张某、赵某一起去附近的大排档吃夜宵，聊天消暑。当三人谈起那座老天桥的时候，张某提议一会儿吃完夜宵，拎上两打啤酒，去天桥上面再坐会儿。待三人来到天桥上，已经有些喝多了的张某又提议："咱们小时候就爱往下面扔石子，咱们三个借着今天的机会，再秀一下'石技'如何？"张某的提议得到了另外二人的赞同。于是三人一边喝着啤酒一边秀着"石技"，可令三人没想到的是，选中的目标没有砸中，却不知道是谁的石子砸中了桥底下的行人杨阿姨，致其头破血流。在不知道是谁的石子砸中杨阿姨的情况下，谁来承担侵权责任？

律师说法

共同危险行为指的是数人共同实施了侵害他人人身安全的行为并最终造成了损害的后果，但又无法确定实际侵害行为人的侵权行为。依据我国法律规定，二人以上实施危及他人人身、财产安全的行为，其中一人或者数人的行为造成他人损害，能够确定具体侵权人的，由侵权人承担责任；不能确定具体侵权人的，由行为人承担连带责任。本案中，王某、张某、赵某三人在天桥上共同实施了投石子的危险行为，致杨阿姨受到伤害，虽然不知道具体侵权人是谁，但符合上述共同危险行为的法律规定，应当由三人连带承担对杨阿姨的侵权责任。

8. 我下班掉进了井里，谁来承担责任？

某小区是新建成刚刚交付的楼盘，虽然早已销售一空，但由于很多住户还在装修，实际入住的业主并不是很多。女会计王某就在该小区附近工作，为了上班方便，其便在该小区承租了一套两室一厅的房屋。该房屋无论在户型还是采光方面都令王某满意，这给工作繁忙的王某多少增添了一些慰藉。王某由于工作性质需要经常加班，所以平日里都是深夜回家，某天她像往常一样步行回家，进入小区之后，不慎掉入一口没有井盖的窨井中，后被巡逻的保安发现，将其救起，并拨打了120和110。经过医院的检查，王某身上有多处擦伤并伴有胫骨骨折，在治疗的过程中花去医药费数万元。后经过了解得知，该口窨井的管理者是当地的城建部门。那么，王某受到的伤害，该由谁来承担责任呢？

律师说法

依据我国法律规定，在公共场所或者道路上挖坑、修缮安装地下设施等，没有设置明显标志和采取安全措施造成他人损害的，施工人应当承担侵权责任。窨井等地下设施造成他人损害，管理人不能证明尽到管理职责的，应当承担侵权责任。受害人对于损害的发生也有过错的，可以减轻侵害人的民事责任。本案中，由城建部门管理的窨井未覆盖任何防护措施，导致王某掉入井中摔伤，花去医药费数万元。王某作为成年人，明知道经常下夜班回家，应当提高自己的安全意识，看清小区路面情况，但其因为疏忽大意并未发现未盖井盖的窨井，掉入井中，其自身也存在相应的过错。鉴于城建部门和王某在本案中均存在过错，应当根据各自的过错性质和过错程度来承担相应的侵权责任。对于城建部门来说，由于其过错为法定的推定过错，与受侵害人王某的伤害有着直接的因果关系，而王某自己本身的过错为疏忽大意的过失，属于较小的过错，因此，城建部门在本案中应当承担主要责任，王某承担次要责任。

9. 岳母吃了电视购物推荐的处方药，受到伤害谁来担责?

王某的岳母郭某患有骨质增生，病痛伴随了她数十年，所以对她来说，如果能有一种药能根治骨质增生，可就是“极好”的了。由于疾病阻碍了郭某的出行，所以电视变成了郭某了解外界的主要渠道。最近某电视购物频道在推广一种治疗骨质增生的特效药，看其介绍，该药对郭某所患疾病具有独特的治疗效果。谨慎起见，郭某根据电视购物频道的介绍联系了该药品的销售公司，通过咨询，该药品销售代表告知了郭某以下信息：该药为遵医嘱的处方药，对治疗骨质增生具有特殊效果，所以建议郭某购买。最后在医药销售代表的建议下，郭某购买了三个疗程的药品。郭某在服用该药之后出现浑身乏力、头晕呕吐等症状，被家人送去当地医院，医院诊断为重度肝损伤。事后郭某家人在和该药品的销售公司协商过程中，该公司声称自己没有责任，因为该药品说明书上已经写明，服用该药有可能造成肝脏损伤的后果，是郭某自己不看说明书，才造成如此严重的后果，所以拒绝承担任何责任。王某现在想知道对于他岳母遭遇的伤害后果，责任该由谁来承担？

律师说法

依据我国法律规定，被侵权人对损害的发生也有过错的，可以减轻侵权人的责任。受害人对同一损害的发生或者扩大有故意、过失的，可以减轻或者免除赔偿义务人的赔偿责任。但侵权人因故意或者重大过失致人损害，受害人只有一般过失的，不减轻赔偿义务人的赔偿责任。确定赔偿义务人的赔偿责任时，受害人有重大过失的，可以减轻赔偿义务人的赔偿责任。我国法律有明确的规定，处方药应当在患者有医院处方之时才能销售给患者，而该药品销售公司明知郭某没有医生开具的处方，仍将该药出售给郭某，存在过错，应当承担主要责任。郭某在没有医生开具处方的情况下购买该药，并且在未认真阅读说明书的情况下便服用，属于对用药过程中可能产生的不良反应未尽到注意义务和采取必要措施，因此，郭某对其自身的损害后果承担次要责任。

10. 女模特晨跑被大树砸伤，谁来担责？

吴某是一名模特，为了保持身材经常晨跑，风雨无阻。吴某家住海边，在台风时节经常会出现伤人事件。某天，吴某像往常一样在外面长跑，突然狂风大作，大雨如注，一棵大树被狂风刮断，吴某一个躲闪不及，树干就砸到了吴某的腿上。经医院诊断，吴某小腿粉碎性骨折。后通过多方了解，该大树属于当地供电部门管理。但是吴某与当地供电部门协商赔偿时，供电部门认为，这是由天灾造成的不可抗力，因此，拒绝承担任何责任。那么，这件事该由谁来承担责任呢？

律师说法

因不可抗力造成他人损害的，不承担侵权责任，法律另有规定的，依照其规定。因林木折断造成他人损害，林木的所有人或者管理人不能证明自己没有过错的，应当承担侵权责任。不可抗力指的是不能预见也不能避免的客观情况，虽然法律有不可抗力免责条款，但本案很显然并不适用不可抗力条款，因为大树由供电部门负责管理，供电部门在明知当地台风时节可能会出现伤人的事件，就应当加强管理，对树木进行加固等防护措施，以免出现树木折断伤人等现象，因此，供电部门应当对吴某受到的伤害承担侵权责任。

11. 拼车上班出了交通事故，谁来担责？

王某是个女白领，由于工作地周边的房价实在太贵，一平方米好几万元，王某最后和老公合计就在工作地紧邻的城市购买了一套房屋。虽然从王某的居住地到工作单位有一趟直达公交车，但实在太挤，每天坐该趟公交车都跟春运一样，王某便购买了一辆轿车，每天开车去上班。由于一个人负担每天上下班的油钱以及高速费还是有些压力的，王某便在小区 BBS 上发帖，找人拼车上下班。半个月后，王某和赵某、周某、吴某达成了拼车协议，三个人每天都由王某接送上下班。某天清晨，王某像往常一样和另外三人拼车行驶在去单位的高速公路上，当行驶至高速某地段之时，一辆与王某所驾车辆同向行驶的运石料的大货车突然刹车转向，王某避让不及，造成两车相撞，致王某等四人身体受到不同程度的伤害，轿车几近报废。后经过当地的交通执法部门认定，该辆运石料的大货车负全责。事后，受伤较重的赵某找到王某要求赔偿，但王某认为事故是大货车司机违规驾驶造成的，应当由大货车司机赔偿，与自己无关。那么，赵某该向谁索赔？

律师说法

如今，由于交通繁忙，拼车出行越来越普遍。根据我国《侵权责任法》中的过错责任原则，应当由有过错的一方承担侵权责任。因此，在拼车过程中发生交通事故的，应当首先明确交通事故的责任者是谁，之后受害者可以向责任者要求赔偿。本案中，交通执法部门认定大货车负全责，王某没有过错，因此，赵某应当向大货车司机索赔。

12. 仗义出手救女同事，致人受伤，谁来担责？

所谓喝酒误事，某单位的员工刘某对此深有体会。某天他一觉醒来，发现自己在一个陌生的地方，身上有不同程度的抓伤和擦伤，并且被告知其已经被警方强制约束至酒醒。原来，刘某头天晚上在某大排档吃饭，几瓶啤酒下肚后，便开始对邻桌的一位女性动手动脚，并将其衣服撕坏，该女性的友人看不过，为了救助该女性，便与刘某厮打起来，别看对方是个女生，但巾帼不让须眉，刘某身上的各种伤痕便是与其扭打所致，尤其是脸上的抓痕，让刘某很是难堪。得知事情原委的刘某很不服气，以为自己当时已经在醉酒状态下，对方理应让着自己，而不是把自己打伤，现在他要起诉将他打伤的那位女性。对于刘某的这种态度，民警也是无可奈何，并告知刘某那位女性是见义勇为，没有任何责任。那么，将刘某打伤的人是否应当承担责任呢？

律师说法

依据我国法律规定，因正当防卫造成损害的，不承担责任。正当防卫超过必要的限度，造成不应有的损害的，正当防卫人应当承担适当的责任。正当防卫指的是，为了自己、他人、国家的利益、公共利益免受不法侵害而采取的制止不法侵害的行为，最后虽然导致加害人受伤，但并非侵权。本案中，刘某借耍酒疯之机，调戏妇女，妇女友人看不过而进行正当防卫，造成刘某被抓伤和擦伤，并未超过必要限度，因此，不应对刘某的受伤承担责任。

13. 女白领被小孩子打伤，谁来担责？

为了便于上下班，女白领吴某最近搬到了一个离地铁比较近的小区。吴某的邻居家有个孩子，平时不爱说话，但长得虎头虎脑，很招吴某喜欢。每次吴某想跟他交流的时候，这个孩子都会报以不高兴的眼神，给人一种“生人勿近”的感觉。某天吴某下班回家，由于刚发了年终奖，她心里特别美，在走进单元楼道的时候又看见了那个虎头虎脑的孩子，吴某在未经孩子同意的情况下顺手摸了一下孩子的脑袋，谁知道这个孩子对吴某的举动非常愤怒，直接将手里拿的空啤酒瓶砸到了吴某脑袋上，砸得吴某头破血流。后来吴某去医院缝了针，并被诊断为脑震荡。这让吴某觉得很冤，她想知道，应该由谁来承担责任？

律师说法

依据我国法律规定，无民事行为能力人、限制民事行为能力人造成他人损害的，由监护人承担侵权责任。监护人尽到监护责任的，可以减轻其侵权责任。本案中，未成年人在监护人不在场的情况下打伤他人，应当由监护人承担责任，但吴某明知该孩子不喜欢与人亲近而未经对方同意便随意抚摸其头部，具有一定过错，因此，应当相应减轻未成年人监护人的责任。

14. 瘾君子打伤女店长，谁来担责?

高某在某中介公司上班，销售业绩突出，多次被评为女经纪人中的明日之星。但最近有同事反映高某在工作的时候经常打瞌睡，再加上她老是流鼻涕，大家以为高某患上了流感，高某也自称患上了流感，但她时不时出入厕所，并且神情紧张的举动还是引起了同事们的怀疑。某天，当值的店长王某上厕所时发现高某正在吸食毒品，在质问高某的过程中，高某顺手拿起洗手台上的烟灰缸将王某打伤。事后，高某认为自己是在吸毒状态下行为不受控制，所以拒绝赔付王某的医疗费。该事件中，高某需要承担责任吗?

律师说法

依据我国法律规定，完全民事行为能力人对自己的行为暂时没有意识或者失去控制造成他人损害，有过错的，应当承担侵权责任，没有过错的，行为人根据自身经济状况对受害人适当补偿。完全民事行为能力人因醉酒、滥用麻醉药品或者精神药品对自己的行为暂时没有意识或者失去控制造成他人损害的，应当承担侵权责任。本案中，高某的说法没有依据，其吸毒本身就是过错的行为，在吸毒的状态下将受害人打伤，虽然存在丧失意识、行为不受控制的情形，但这都是吸毒造成的，依据上述法律规定，高某理应承担打伤王某的侵权责任。

15. 搬家公司的员工将我的高级化妆品打碎了，谁来担责？

宋某租住在某交通便利的小区，该小区的房子十分紧俏，宋某的房东便在合同到期的时候给宋某涨房租，涨幅达百分之三十，这让宋某倍感压力，她决定搬家。几天后，宋某终于在该小区的附近找到了一处交通还算方便，但租金却很便宜的一居室。可在搬家的过程中，还是发生了不愉快的事情，搬家公司的员工李某和吴某在搬家过程中，将几盒化妆品打碎了。这几盒化妆品是宋某刚通过朋友从国外买回来的，价值近万元，这让宋某很恼火，双方在协商赔偿的时候，搬家公司的员工说，这不能怨他们，只能怪这几盒化妆品太不禁摔了，因此拒绝赔偿。那么针对此事，应该由谁来承担责任？

律师说法

依据我国法律规定，用人单位的工作人员因执行工作任务造成他人损害的，由用人单位承担侵权责任。在本案中，搬家公司的员工不慎损坏宋某的高级化妆品，属于正在执行工作任务的行为造成损害，因此，应当由搬家公司承担侵权责任。

16. 物业保安损害女业主车辆，谁来担责？

某小区在开盘初期就对外宣称安保设施齐全，保安24小时巡逻，其一平方米将近三元的物业费也是当地最贵的。李某作为一个单身女性，就是看中该小区的安保设施的确比较完善，所以在该小区购置了一套房屋。一日，李某像往常一样开车下班回家，将车停在小区指定的停车位上之后便下车回家了。次日，李某打开车门之前，忽然发现自己的车辆被人剐蹭过，由于这辆车是高级轿车，修理费不菲，李某便向物业要求看监控录像，以便查询侵权人，但物业拒绝个人查询录像的要求。协商无果的情况下，李某只得报警向警察求助，在警方的协助下，通过物业调出了当天的监控录像，发现是昨晚值班巡逻的保安车剐蹭了李某的车辆，并且那名驾车的保安第二天就已经辞职，下落不明。李某主张让物业公司赔偿其损失，但物业公司认为这是保安个人的行为，拒绝赔偿。那么，这件事到底应当由谁来承担责任呢？

律师说法

依据我国法律规定，劳务派遣期间，被派遣的工作人员因执行工作任务造成他人损害的，由接受劳务派遣的用工单位承担侵权责任；劳务派遣单位有过错的，承担相应的补充责任。在我国，保安一般由保安公司派遣到物业公司进行相关工作，本案中，并未发现保安公司有何过错行为，依据上述规定，应当由接受派遣的物业公司承担侵权责任，赔偿李某轿车被剐蹭造成的损失。

17. 邻居家的保姆弄伤了我闺女，谁来担责?

陈某老来得子，在其 39 岁的时候，终于有了孩子。为了更好地照顾妻子和孩子，陈某花重金聘请了一位专业保姆。保姆王某是个勤快本分的人，每天尽心尽力地照顾着陈某的妻子和孩子。某天，邻居叶某带着自己的闺女来陈家串门，由于两家的孩子年龄相仿，都是刚出生几个月的婴儿，所以两家便经常串门。就在叶某和陈妻闲聊的过程中，保姆王某一个不小心，将手中壶里的开水撒到了叶某的闺女身上，由于是夏天，孩子穿的也少，开水导致叶某闺女的后背烫伤。叶某为闺女花去医疗费数万元。关于责任的承担问题，陈家、保姆都说自己没责任，那么，到底该由谁来承担责任呢?

律师说法

依据我国法律规定，个人之间形成劳务关系，提供劳务一方因劳务造成他人损害的，由接受劳务一方承担侵权责任。提供劳务一方因劳务自己受到损害的，根据双方各自的过错承担相应的责任。本案中，陈某是接受劳务的一方，保姆王某是在提供劳务的过程中造成叶某孩子烫伤的后果的，因此，应当由陈某承担侵权责任，赔付叶某孩子因治疗花去的数万元医疗费。

18. 女老板被梦游员工打伤，谁来担责？

杨某曾是一名模特，现在经营一家美容店，由于生意不错，所以经常组织员工出去团建。前不久，杨某组织大家去南方某水乡团建，优美的景色，别样的风土人情，让杨某和数十位员工玩得不亦乐乎。一天玩下来，大家都很累，便早早地在当地农家院歇息了。农家院的房间里并没有配置厕所，所以杨某起夜的时候，只能去院子里的公厕。午夜时分，杨某上完厕所出来去院子的水池旁洗手的时候，忽然被人用棍子砸了几下，并且听到那个人喊“打你个小偷，打你个小偷”。杨某捂着脑袋，转过身来发现自己的员工刘某神情呆滞，正拿着一根木棍砸向刚才自己洗手的水池。事后经过调查得知，刘某经常会梦游，当晚就是刘某在梦游的过程中打伤了杨某。杨某被梦游的员工打伤，谁来承担责任？

律师说法

依据我国法律规定，完全民事行为能力人对自己的行为暂时没有意识或者失去控制造成他人损害，有过错的，应当承担侵权责任，没有过错的，行为人根据自身经济状况对受害人进行适当补偿。本案中，刘某在梦游的状态下，并没有控制行为的意识，并无过错，所以不承担侵权责任。但刘某的行为还是造成了杨某的受害结果，因此，刘某应当根据自己的经济状况对杨某进行适当补偿。

19. 快递员将我婆婆撞伤，谁来承担责任？

刘某原本是一名快递员，平日风里来雨里去，很是辛苦，但五年来他从未丢过一份快递件，也未因为态度问题受到过投诉。为此，快递公司将刘某升级为公司副总，专门负责公司的疑难件处理。陈某是一位新来的快递员，他那股肯吃苦肯拼的劲头很像当年的刘某，所以刘某很器重他，便将各种疑难件交给他派送。某天，陈某根据刘某的指派去派送一份加急的疑难件，但在派送的过程中，由于陈某将车开得很快，撞伤了送孙子上学的孙某，致孙某骨折住院。后来在协商赔偿的过程中，快递公司认为这是陈某的责任，理应由陈某赔偿，但陈某认为他是接受公司的指派，是在工作过程中发生的事故，应当由公司承担责任。在该起侵权事故中，应当由谁来承担侵权责任？

律师说法

依据我国法律规定，用人单位的工作人员因执行工作任务造成他人损害的，由用人单位承担侵权责任。本案中，陈某是快递公司的职工，接受公司领导的指派从事相关工作，在工作的过程中致人损害，依据上述规定，应当由快递公司承担侵权责任，赔付孙某因住院治疗而发生的医疗费。

20. 社会青年在校园里打伤女高中生，谁来承担责任？

孙某是一名高中生，品学兼优，虽然家庭条件优越，但她并未养成好吃懒做的习惯，并且很节约。孙某上的重点中学里大部分同学之间都在拼学习成绩。孙某在班里的成绩一向优秀，在这次竞选学习委员的过程中击败了另一位同学高某而当选。孙某在一次去实验室帮老师拿教学工具的过程中，被几个看着面生的人暴揍了一顿。事后，很多人在学校中疯传是因为高某不服气孙某当了学习委员，所以找“黑道”的社会青年报复孙某。但事后警方调查得出的结论却是，这几个混进学校的社会青年利用监控死角翻墙进入学校，也的确是来报复人的，但错将孙某认成了别人才动手暴打，与高某并没有关系。那么在该起事件中，谁来承担责任？

律师说法

依据我国法律规定，无民事行为能力人或者限制民事行为能力人在幼儿园、学校或者其他教育机构学习、生活期间，受到幼儿园、学校或者其他教育机构以外的人员造成的人身损害的，由侵权人承担侵权责任；幼儿园、学校或者其他教育机构未尽到管理职责的，承担相应的补充责任。本案中并未表明学校有过错，而社会青年才是侵权责任人，因此，应当由社会青年承担侵权责任，赔偿孙某因被暴打而受到的损失。

21. 宿舍内部纠纷导致女学生被打伤，谁来承担责任？

秦某和爱人离婚之后，便独自带着女儿小秦生活，后来由于工作实在太忙，无暇照顾小秦的生活，便将小秦安排到一所寄宿制女校念书，这样有学校的管理和督促，秦某也就放心了。每到周末的时候，秦某都会带上礼物接女儿回家。某个周五晚上，秦某像往常一样去学校接女儿回家的时候，发现女儿的脸上和手上有多处伤痕，一问才知道，小秦和同宿舍的小张在某天晚上 10 点熄灯后，因为第二天早上谁来打水的问题发生争执，被小张打伤。那么在学校中，自己的女儿被同学打伤，谁来承担责任？

律师说法

依据我国法律规定，监护人可以将监护职责部分或者全部委托给他人。因被监护人的侵权行为需要承担民事责任的，应当由监护人承担，但另有约定的除外；被委托人确有过错的，负连带责任。限制民事行为能力人在学校或者其他教育机构学习、生活期间受到人身损害，学校或者其他教育机构未尽到教育、管理职责的，应当承担责任。本案中，小秦被送至寄宿制学校进行封闭式管理学习，学校理应保障小秦的安全，但晚上熄灯后，学校老师并没有采取巡视宿舍的管理措施，并且在殴打事件之后没有通知家长，学校有明显的过错，因此，应当承担主要责任。小张的监护人亦应当对小张的侵权行为承担责任，但责任大小上，小张的监护人在本案中承担次要责任。

22. 因争风吃醋在互联网上传播不雅照，网站要承担责任吗？

李某、高某、吴某三人同时进入一家外企工作，后来由于李某和高某同时喜欢上了男同事吴某，二人之间便显得关系很紧张。而吴某却对二人的追求采取一种暧昧的态度，对二人均若即若离。这让李某和高某都很纠结，但又都不肯放松对吴某的攻势。某天下班回家的路上，李某看见高某和吴某在单位附近一家很有名的“情人餐厅”吃饭，这让李某顿时醋意大生，认为这是高某给自己难堪，明明知道自己也很喜欢吴某，却在单位附近高调宣示和吴某的关系，这是一种赤裸裸的情感挑衅行为。为了报复高某的这种行为，李某利用微博、论坛等网络工具，在互联网传播自己“PS”好的高某和另外一些男性暧昧的图片，一时间在公司引起强烈的反响，很多同事纷纷指责高某滥交的行为，高某的声誉瞬间在同事间降到最低。高某为了挽回声誉，通过发律师函的方式正式向某刊登上述图片的网站提出了删除的要求，但该网站为了吸引点击率，以本网站没有权利删除用户发帖为由拒绝删除。那么在该起事件中，该网站有责任吗？

律师说法

依据我国法律规定，网络用户利用网络服务实施侵权行为的，被侵权人有权通知网络服务提供者采取删除、屏蔽、断开链接等必要措施。网络服务提供者接到通知后未及时采取必要措施的，对损害的扩大部分与该网络用户承担连带责任。网络服务提供者知道网络用户利用其网络服务侵害他人民事权益，未采取必要措施的，与该网络用户承担连带责任。本案中，网站作为网络服务的提供者，应当应高某要求删除涉及侵害其名誉权的PS照片，但该网站为了博取点击率，拒绝删除，应当与李某承担连带责任。

23. 女老板赔付消费者后，可以向生产者追偿吗？

刘某购买的期房已经收房了，最近准备装修房屋。他知道自己的前女友杨某辞职后并没有闲着，而是凭着自己的一些积蓄在家具城创业，和以前的老同事合伙经营红木家具生意。刘某为了照顾杨某的生意，在杨某处购置数件红木家具，价值20万元。但半年后，刘某的妻子郭某发现这些红木家具出现不同程度的掉漆现象，后经过鉴定，这些红木家具均为假货。气急败坏的郭某找到杨某说："我们是信任你才花了高价从你这里买的家具，你竟然欺骗我，太不够朋友了，走，咱们去公安局理论去。"杨某一脸苦色地说道："我也是被骗了，这些货一共两批，头一批都是真货，于是我对第二批就放松了警惕，在未经过严格检验的情况下，就收货开始对外销售了，郭姐，你别着急，咱们都是朋友，我现在就把家具款退给你。”郭某见到杨某这么痛快就答应退还自己的家具款，又看到杨某一脸苦相，知道没少赔钱，便动了恻隐之心，让杨某分期还款即可。杨某退还家具款后，是否可以向家具生产厂商追偿？

律师说法

因产品存在缺陷造成损害的，被侵权人可以向产品的生产者请求赔偿，也可以向产品的销售者请求赔偿。产品缺陷由生产者造成的，销售者赔偿后，有权向生产者追偿。因销售者的过错使产品存在缺陷的，生产者赔偿后，有权向销售者追偿。本案中，杨某先行退还了刘某的家具款，其便具有了法律赋予的对家具生产厂商的追偿权。

24. 主妇图便宜购买杂牌电饭锅被炸伤，谁来承担责任？

吴某原本是一个普通上班族，婚后便辞去了工作，在家里相夫教子。在外人眼里，吴某的日子总是过得紧巴巴的，也没有什么业余爱好，但只有吴某自己知道，攒钱就是她最大的爱好。因为她知道虽然钱不是万能的，但如果出现重大疾病等需要花钱的时候，没有钱将会非常被动。所以她购买的东西，但凡有最便宜的，就不会买稍贵的，如最近吴某家里的电饭锅就因为年限太长，终于“罢工”了，于是吴某就去当地的一个集贸市场选购了一款极具性价比的电饭锅，但令吴某没想到的是，在一次煮饭的过程中电饭锅突然发生爆炸，致使吴某右眼被炸伤。事后吴某在和集贸市场小贩协商赔偿的时候，该小贩并不能提供该电饭锅的生产者信息，并且拒绝承担吴某的医药费，拒绝的理由竟然是：“一分钱一分货，出现这种事故，也只能怪你贪图便宜，怨不得别人。”此时的吴某也明白了一个道理，攒钱虽然是好习惯，但买东西的时候一定要购买正规生产厂家的产品，至少要为自己的生命安全负责。对于吴某的这种遭遇，谁来承担责任？

律师说法

依据我国法律规定，因销售者的过错使产品存在缺陷，造成他人损害的，销售者应当承担侵权责任。销售者不能指明缺陷产品的生产者也不能指明缺陷产品的供货者的，销售者应当承担侵权责任。本案中，集贸市场的小贩向吴某出售不能提供生产者的缺陷产品，最终导致吴某受到伤害，小贩主张的“便宜没好货”的理由并不能免除其对吴某受到的伤害而应当承担的责任。

25. 主妇被新买的吹风机弄伤，谁来承担责任？

赵某不仅是个“妻管严”，还是个吊儿郎当的人，平日里老是丢三落四的。赵某的媳妇刘某又是个极其谨慎的人，没少因为赵某的生活态度指责赵某。某天，赵某和刘某一起逛商场，看到某柜台上正在出售一款多功能负离子吹风机，销售员声称这是进口产品。赵某的媳妇刘某禁不住销售员的宣传，于是掏钱买下这款多功能负离子吹风机，并在交钱取货的时候特别叮嘱赵某一定看着销售员将所有配件都装好，别因为遗失而导致产品无法使用，刘某叮嘱完赵某，就去服装柜台挑选服装了。赵某经过媳妇多次的“训导”，这次表现得非常好，将所有配件照着产品说明书逐一比对后，才吩咐销售员装好，并且回到家中又当着媳妇的面将产品和相关配件拿出来，供媳妇查验。刘某对赵某这次表现出的认真态度进行了表扬，赵某也表达了“再接再厉”的态度。令两人没想到是，刘某在洗完澡吹头发的时候，这款所谓的进口多功能负离子吹风机，竟然将刘某的长发吸了进去，并将刘某的头皮烫伤。大惊失色的赵某喊道：“这次并没有丢配件啊，怎么会这样？”事后，刘某和赵某就此事找到商家要求赔偿，却遭到了商家的拒绝，那么刘某该向谁索赔？

律师说法

依据我国法律规定，因产品存在缺陷造成损害的，被侵权人可以向产品的生产者请求赔偿，也可以向产品的销售者请求赔偿。本案中，刘某在使用吹风机的过程中受到侵害，造成头发吸进吹风机和头皮被烫伤的危害后果，虽然吹风机的销售者拒绝赔偿，但这并不影响刘某的索赔诉求，她既可以向吹风机的生产者索赔，也可以向吹风机的销售者索赔。

26. 主妇购买电器却被赠品致伤，谁来承担责任？

家庭主妇杨某因为要照顾一家老小，每天过着精打细算的日子，养成了买棵菜也得讨头蒜的习惯。但是一向节约的杨某最近就因为赠品而吃了大亏。事情是这样的，杨某家的冰箱用了很久，大概有 20 多年，连杨某自己都用不下去了，她便来到某电器卖场选购冰箱。在向商场的导购了解了某款冰箱的性能后，杨某又看上了一款标价 70 元的剃毛刀，杨某施展砍价“绝技”，几轮下来，商场导购同意将该剃毛刀当作冰箱的赠品赠与杨某。杨某自然很是高兴，欢天喜地掏了钱带着冰箱和剃毛刀回了家。但天有不测风云，杨某使用剃毛刀的时候将腋下割伤。杨某在治疗后便找到商家讨要医药费，但商家对此却不以为然，主张赠品是免费的，本身就没赚钱，现在出了问题，只能由杨某自己负责。赠品致杨某受到伤害，商场要承担责任吗？

律师说法

赠品虽然看似免费，但实质上也是折合在主商品销售价格内的，因此，商家出售的商品中所含的赠品依然被视为其所出售的商品。依据我国法律规定，消费者在购买、使用商品时，其合法权益受到损害的，可以向销售者要求赔偿。销售者赔偿后，属于生产者的责任或者属于向销售者提供商品的其他销售者的责任的，销售者有权向生产者或者其他销售者追偿。消费者或者其他受害人因商品缺陷造成人身、财产损害的，可以向销售者要求赔偿，也可以向生产者要求赔偿。属于生产者责任的，销售者赔偿后，有权向生产者追偿；属于销售者责任的，生产者赔偿后，有权向销售者追偿。本案中，杨某受到赠品的侵害，依然适用上述规定，如果杨某主张由商场承担责任，商场理应承担责任。

27. 主妇购买的啤酒炸伤人，谁来承担责任？

郭某和周某是儿时的伙伴，自从高中毕业后，两人就逐渐失去了联系，后因一次同学聚会二人又喜获重逢，郭某便招呼周某来家里做客。曾经的闺蜜见面，一起回忆起难忘的青春记忆。为了庆祝二人重聚，郭某提议喝一些啤酒助兴，周某自然是同意的，于是郭某叫儿子去楼下杂货店购买了几瓶当地产的啤酒。但就在郭某开启啤酒的过程中，酒瓶突然爆炸，导致周某脸部被炸伤。周某碍于闺蜜情面，不想麻烦郭某，便主动联系啤酒的生产者提出赔偿的要求。而该啤酒的生产者表示，自己只对直接从厂里购买啤酒的消费者承担责任，因此，拒绝了周某的要求。在这起啤酒瓶炸伤人的事件中，周某是否可以向啤酒的销售者杂货店或者啤酒的生产者追究责任？

律师说法

在通常情况下，因产品缺陷受到侵害的，消费者可以直接向销售者或者生产者主张赔偿责任，但在特殊情况下，被缺陷产品伤害的可能是消费者之外的第三人，那么这个第三人能否成为索赔的主体呢？依据我国法律规定，因产品存在缺陷造成损害的，被侵权人可以向产品的生产者请求赔偿，也可以向产品的销售者请求赔偿。虽然第三人并非缺陷产品的直接使用人，但出现了其人身受到侵害的事实和结果，因此，该第三人也是侵害事件中的被侵权人。鉴于此，本案中的周某被郭某开启的啤酒瓶炸伤，虽然周某并非直接购买者，但依据上述规定，她依然可以向杂货店或者啤酒生产者提出赔偿要求，追究相关责任。

28. 大学女生受伤住院被轮椅二次弄伤，谁来承担责任？

刘某是某高校的艺术类毕业生，最近正在找工作，所以没少乘车赶场应聘。有一份舞蹈培训的工作很受刘某喜欢，她通过第一轮筛选之后顺利进入第二轮，但忙于找工作的她竟然忘记了第二轮面试的时间，当她想起来的时候距离面试开始就剩下一个小时左右的时间，为此只得打了一辆出租车，火速赶往招聘单位。坐上出租车后，刘某又赶紧翻找相关资料，准备一举通过面试。可就在刘某埋头翻看资料的过程中，这辆出租车被后面的大货车追尾造成侧翻，最终导致刘某双腿骨折，所幸出租车公司承担了刘某需要的治疗费用。可世事难料，本来已经受伤严重的刘某在使用医院所提供的轮椅时，轮椅突发故障，竟然无故散架，致使刘某跌倒在地，加重了刘某的骨折病情。现在刘某想知道，针对加重的部分，医院是否有责任？

律师说法

依据我国法律规定，因药品、消毒药剂、医疗器械的缺陷，或者输入不合格的血液造成患者损害的，患者可以向生产者或者血液提供机构请求赔偿，也可以向医疗机构请求赔偿。患者向医疗机构请求赔偿的，医疗机构赔偿后，有权向负有责任的生产者或者血液提供机构追偿。本案中，刘某的骨折情况加重源于医院提供的轮椅突然散架，属于医疗器械存在缺陷，她当然可以就病情加重部分向医院主张侵权责任。

29. 商家销售明知有质量问题的热水器致主妇受伤，该怎么承担责任？

某家电一条街在当地很有名，该条街上有数家家电卖场，商家之间竞争极为激烈。刘某的家电公司是新开的，在竞争如此激烈的环境中，刘某有种如履薄冰的感觉。刘某为了提高销量，最近从某地进了一批价格便宜的电热水器，通过促销电热水器来吸引消费者。第一批热水器很快便被抢购一空，刘某后续又进了一批同品牌的热水器，就在第二批还未摆上柜台销售的时候，消费者王某和赵某找到刘某投诉其公司卖的热水器存在漏电问题，要求退换，并赔偿相应的损失。刘某为了息事宁人，给王某和赵某办理了退货手续，并支付了相应的赔偿费用。但刘某并没有因此事就停止出售第二批热水器，第二批热水器销量依然可观。就在刘某准备销售第三批热水器的时候，又有消费者找上门来，说其媳妇在洗澡的时候，被热水器电伤，正在医院接受治疗，并就此事通知了当地的媒体和执法部门。在这件事中，刘某承担何种责任？

律师说法

依据我国法律规定，明知产品存在缺陷仍然生产、销售，造成他人死亡或者健康严重损害的，被侵权人有权请求相应的惩罚性赔偿。本案中，刘某明知其公司销售的商品存在缺陷，却依然对外出售，造成消费者被电伤住院的侵害后果，该消费者可以要求刘某承担相应的惩罚性赔偿责任。

30. 实习女司机经验浅，发生交通事故就得由她承担责任吗？

刘某是某公司前台，为了上班方便，最近考取了驾照，还幸运地摇到了车牌号。在购买到心仪的车辆后，由于刚考到驾照，刘某按照规定在车辆上贴上了“实习”二字。某天，刘某像往常一样开车上下班，在经过一个路口的时候，与一辆车发生碰撞事故，对方司机王某见刘某还是一位实习司机，便一口咬定是刘某违章在先，可刘某感觉明明是对方超速行驶，才导致了交通事故。刘某想知道，发生交通事故之时，该如何认定责任？

律师说法

依据我国法律规定，公安机关交通管理部门应当根据交通事故现场勘验、检查、调查情况和有关的检验、鉴定结论，及时制作交通事故认定书，作为处理交通事故的证据。交通事故认定书应当载明交通事故的基本事实、成因和当事人的责任，并送达当事人。对交通事故损害赔偿的争议，当事人可以请求公安机关交通管理部门调解，也可以直接向人民法院提起民事诉讼。经公安机关交通管理部门调解，当事人未达成协议或者调解书生效后不履行的，当事人可以向人民法院提起民事诉讼。本案中刘某和王某发生交通事故，认定责任与司机是不是新手无关，也与一方的驾车感受无关，需要交警部门对现场进行勘验、检查、调查，根据有关的检验、鉴定结论作出交通事故认定书，但是这也只是认定处理交通事故的证据，如果当事人对认定结果不满意，可以向人民法院提起诉讼，请求法院作出认定。

31. 女司机租车自驾游出现交通事故，谁来承担责任?

某海滨城市是著名的旅游观光景点，冬季的时候，此地还是夏季的温度，所以很受旅游爱好者的青睐。女白领郑某趁放假期间去该市旅游，想放松一下心情。由于该城市的风光特别吸引人，郑某便在当地租了一辆轿车，准备开车在该市兜兜风，领略一下沿途的风景。可就在郑某正常行驶的过程中，不知道什么原因，轿车突然刹车失灵，急速行驶中的轿车根本停不下来，郑某只得跳车逃离，在跳车的过程中，由于郑某身手矫健，只是受到了一些皮外伤，但刹车失灵的轿车还是将一位行人撞伤。现在郑某想知道，在该起刹车失灵的事故中，谁来承担责任?

律师说法

依据我国法律规定，因租赁、借用等情形机动车所有人与使用人不是同一人时，发生交通事故后属于该机动车一方责任的，由保险公司在机动车强制保险责任限额范围内予以赔偿。不足部分，由机动车使用人承担赔偿责任；机动车所有人对损害的发生有过错的，承担相应的赔偿责任。本案中，发生交通事故的车辆是郑某租来的，车辆所有人应当保证该轿车的安全使用性能，且致害的主要原因是刹车失灵，郑某为了保命不得不弃车而逃，因此，郑某在该起事故中并无过错，所以不承担责任。

至于责任的最终承担者，应当依据上述规定，由保险公司在机动车强制保险责任限额范围内予以赔偿。超出的范围，由机动车所有人承担相应的赔偿责任。

热线咨询

1. 女性在哪些领域与男性享有同等权利?

妇女在政治、经济、文化、社会和家庭生活等各方面享有同男子平等的权利。实行男女平等是国家的基本国策。国家采取必要措施，逐步完善保障妇女权益的各项制度，消除对妇女一切形式的歧视。国家保护妇女依法享有的特殊权益。禁止歧视、虐待、遗弃、残害妇女。

2. 女性享有哪些劳动权利?

（1）平等就业权利。除不合适妇女的工种和岗位外，不得以性别为由拒绝录用妇女和提高对妇女的录用标准。

（2）选择职业的权利。在法律允许的范围内，妇女有权依照自己的意愿选择自己从事的职业。

（3）取得劳动报酬的权利。妇女在付出劳动的同时，有权获得相应的劳动报酬。

（4）休息休假的权利。妇女有权在法定工作时间之外享受法定的休息时间和法定节假日。

（5）获得劳动安全卫生保护的权利。妇女有权享有特殊的劳动安全保护。

（6）接受职业技能培训的权利。妇女有权获得必要的职业培训。

（7）享受社会保险和福利的权利。妇女在退休、患病、负伤、生育、失业等情形下有权获得社会保险待遇，有权享受国家和用人单位提供的各项福利待遇。

（8）提请劳动争议处理的权利。妇女与用人单位发生劳动争议，有权依法申请调解、仲裁或提起诉讼。

（9）法律规定的其他劳动权利。

3. 女性该如何自强自立？

国家鼓励妇女自尊、自信、自立、自强，运用法律维护自身合法权益。具体而言：（1）女性应当努力发扬“四自”精神，实现自我价值。（2）女性应当遵守国家法律，尊重社会公德，履行法律所规定的义务。

4. 如何保障贫困、残疾和流动人口中的适龄女性少年儿童接受义务教育？

政府、社会、学校应当采取有效措施，解决适龄女性少年儿童就学存在的实际困难，并创造条件，保证贫困、残疾和流动人口中的适龄女性少年儿童完成义务教育。这是国家、社会和学校不可推卸的法定责任。人口流入的政府应采取多种形式，接受农民工子女在当地的全日制公办中小学入学，在入学条件等方面与当地学生一视同仁，不得违反国家规定乱收费，对家庭经济困难的学生要酌情减免费用。社会应当为贫困、残疾和流动人口中的适龄女性少年儿童完成义务教育提供物力和人力支持。各社会团体应积极开展捐资助学活动，努力改善女童受教育状况，通过社会办学的方式，创建民办学校，资助失学、辍学女童重返校园。学校也应采取各种措施，为流动人口中适龄少年儿童兴办各种学校（班），帮助贫困女性学生就学。在师资力量中，应为这些特殊学校（班）配备合格的教师和其他人力资源，保证学生们顺利地完成义务教育。

5. 妇女在合法权益受到侵害时，可以采取哪些措施？

妇女的合法权益受到侵害的，有权要求有关部门依法处理，或者依法向仲裁机构申请仲裁，或者向人民法院起诉，还可以向妇女组织投诉。

（1）被侵害的妇女有权要求有关主管部门处理。例如，对于正在进行的侵害妇女人身、财产权益的违法行为，可以要求公安机关制止和处理；对于侵犯其劳动和社会保障权益的违法行为，可以要求劳动和社会保障部门处理；对于侵犯其土地承包经营权的违法行为，可以要求乡镇人民政府依法调解，也可以依法向农村土地承包仲裁机构申请仲裁；对于通过大众传媒或其他方式贬低损害妇女人格的违法行为，妇女可以要求文化、广播电影电视、新闻出版等有关部门依据各自的职权责令改正，并依法给予行政处罚等。

（2）被侵害的妇女有权依法向有管辖权的人民法院提起诉讼。

（3）被侵害的妇女可以向当地妇女联合会等妇女组织投诉。

6. 对合法权益受到侵害的女性进行救济时，有关部门应承担哪些责任？

当合法权益受到侵害的妇女要求有关部门依法处理、向仲裁机构申请仲裁或者向人民法院起诉请求保护其合法权益时，对有经济困难需要法律援助或者司法救助的妇女，当地法律援助机构或者人民法院应当给予帮助，依法为其提供法律援助或者司法救助。妇女组织对于受害妇女进行诉讼需要帮助的，应当给予支持。因此，对于合法权益受到侵害的妇女，法律援助机构或者人民法院有给予帮助、依法提供法律援助或者司法救助的责任，妇女组织有对受害妇女进行诉讼给予支持的责任。

7. 女性在农村集体经济组织中享有哪些权益？

妇女在农村土地承包经营、集体经济组织收益分配、土地征收或者征用补偿费使用以及宅基地使用等方面，享有与男子平等的权利。任何组织和个人不得以妇女未婚、结婚、离婚、丧偶等为由，侵害妇女在农村集体经济组织中的各项权益。

8. 在农村土地承包经营中，承包期内女性结婚、离婚或丧偶的，其承包的土地要被收回吗?

承包期内，妇女结婚，在新居住地未取得承包地的，发包方不得收回其原承包地；妇女离婚或者丧偶，仍在原居住地生活或者不在原居住地生活但在新居住地未取得承包地的，发包方不得收回其原承包地。

9. 如何保障中国妇女发展纲要的制定?

国务院制定中国妇女发展纲要，并将其纳入国民经济和社会发展规划。县级以上地方各级人民政府根据中国妇女发展纲要，制定本行政区域的妇女发展规划，并将其纳入国民经济和社会发展计划。

10. 如何落实女性权益保障任务的组织措施?

各级人民政府应当重视和加强妇女权益的保障工作。县级以上人民政府负责妇女儿童工作的机构，负责组织、协调、指导、督促有关部门做好妇女权益的保障工作。县级以上人民政府有关部门在各自的职责范围内做好妇女权益的保障工作。

11. 妇联、工会、共青团在保障女性权益方面有何职责?

中华全国妇女联合会和地方各级妇女联合会依照法律和中华全国妇女联合会章程，代表和维护各族各界妇女的利益，做好维护妇女权益的工作。工会、共产主义青年团，应当在各自的工作范围内，做好维护妇女权益的工作。

12. 如何保障女性参与管理国家和社会事务?

妇女有权通过各种途径和形式，管理国家事务，管理经济和文化事业，管理社会事务。制定法律、法规、规章和公共政策，对涉及妇女权益的重大问题，应当听取妇女联合会的意见。妇女和妇女组织有权向各级国家机关提出妇女权益保障方面的意见和建议。

13. 如何保障女性的选举权和被选举权?

妇女享有与男子平等的选举权和被选举权。全国人民代表大会和地方各级人民代表大会的代表中，应当有适当数量的妇女代表。国家采取措施，逐步提高全国人民代表大会和地方各级人民代表大会中妇女代表的比例。居民委员会、村民委员会成员中，妇女应当有适当的名额。

14. 在培养、选拔、推荐和任用女干部方面，国家有何规定？

国家积极培养和选拔女干部。国家机关、社会团体、企业事业单位培养、选拔和任用干部，必须坚持男女平等的原则，并有适当数量的妇女担任领导成员。国家重视培养和选拔少数民族女干部。各级妇女联合会及其团体会员，可以向国家机关、社会团体、企业事业单位推荐女干部。

15. 如何保障妇女享有与男子平等的文化教育权利？

国家保障妇女享有与男子平等的文化教育权利。学校和有关部门应当执行国家有关规定，保障妇女在入学、升学、毕业分配、授予学位、派出留学等方面享有与男子平等的权利。学校在录取学生时，除特殊专业外，不得以性别为由拒绝录取女性或者提高对女性的录取标准。

16. 政府、社会、学校和家长对保障女性青少年学生健康成长应承担何种责任？

政府、社会、学校应当采取有效措施，解决适龄女性少年儿童就学存在的实际困难，并创造条件，保证贫困、残疾和流动人口中的适龄女性少年儿童完成义务教育。学校应当根据女性青少年的特点，在教育、管理、设施等方面采取措施，保障女性青少年身心健康发展。父母或者其他监护人必须履行保障适龄女性少年儿童接受义务教育的义务。除了因疾病或者其他特殊情况经当地人民政府批准的以外，对不送适龄女性少年儿童入学的父母或者其他监护人，由当地人民政府予以批评教育，并采取有效措施，责令其送适龄女性少年儿童入学。

17. 如何扫除女性文盲及让女性接受职业教育？

各级人民政府应当依照规定把扫除妇女中的文盲、半文盲工作纳入扫盲和扫盲后继续教育规划，采取符合妇女特点的组织形式和工作方法，组织、监督有关部门具体实施。各级人民政府和有关部门应当采取措施，根据城镇和农村妇女的需要，组织妇女接受职业教育和实用技术培训。

18. 对于被拐卖、绑架的女性，如何救济？

我国法律禁止拐卖、绑架妇女；禁止收买被拐卖、绑架的妇女；禁止阻碍解救被拐卖、绑架的妇女。各级人民政府和公安、民政、劳动和社会保障、卫生等部门按照其职责及时采取措施解救被拐卖、绑架的妇女，做好善后工作，妇女联合会协助和配合做好有关工作。任何人不得歧视被拐卖、绑架的妇女。

19. 如何保障女性的人格权益？

妇女的名誉权、荣誉权、隐私权、肖像权等人格权受法律保护。禁止用侮辱、诽谤等方式损害妇女的人格尊严。禁止通过大众传播媒介或者其他方式贬低、损害妇女人格。未经本人同意，不得以营利为目的通过广告、商标、展览橱窗、报纸、期刊、图书、音像制品、电子出版物、网络等形式使用妇女肖像。

20. 如何预防对女性的家暴行为？

我国法律禁止对妇女实施家庭暴力。国家采取措施，预防和制止家庭暴力。公安、民政、司法行政等部门以及城乡基层群众性自治组织、社会团体，应当在各自的职责范围内预防和制止家庭暴力，依法为受害妇女提供救助。

温馨贴士

侵权责任指的是民事主体因实施侵权行为而应当承担的民事法律后果。侵权责任是对他人承担的一种义务，即只要自己的过错行为侵害了他人的合法权益，均为侵权行为，均要对受害方承担侵权责任。侵权行为基本上都是违法行为。我国法律明确规定，行为人因过错侵害他人民事权益，应当承担侵权责任。根据法律规定推定行为人有过错，行为人不能证明自己没有过错的，应当承担侵权责任。被侵权人对损害的发生也有过错的，可以减轻侵权人的责任。

侵权责任具有以下法律特征：

1. 侵权责任是因为民事主体违反法律规定的义务而承担的法律后果

民事义务又有法定义务和约定义务之分，法定义务指的是通过法律的强制性规范、禁止性规范规定的义务。这是一种对每个自然人、法人均具有普遍适用性的义务，违反此种义务，即可构成侵权行为责任。而约定义务指的是在特定当事人之间设定的义务，违反了约定义务，势必构成违约责任。

2. 侵权责任要以侵权行为为前提条件

侵权责任之所以能够产生是因为有侵权行为存在，没有侵权行为存在就不会产生侵权责任问题。侵权责任正是侵权行为人自己应当承担的侵权法律后果。

3. 侵权责任的承担形式具有多样性

侵权责任的加害人或者责任人除了要承担赔偿损失、返还财产等财产责任之外，在多数情况下，还要承担停止侵害、恢复名誉、消除影响、赔礼道歉等非财产形式的责任。

第三章

就业保护

案例直击

1. 女员工签订的劳动合同，中文和外文内容不一致的，哪个效力高?

张某在一家外资企业工作，供职于销售部。进入这家企业时，张某应公司的要求和公司分别签订了两份劳动合同，一份为英文，另一份为中文。英文劳动合同中约定张某的工资为每月1100元美金，而在中文劳动合同中她的工资为每月7500元人民币。张某开始工作时，1100美金大概可以兑换7500元人民币，而随着人民币对美元汇率的波动，公司开始对张某实施“职位降薪”的计划。张某觉得自己很委屈，她认为自己拿的是人民币的工资，就应该按照中文劳动合同的标准来领取工资。而当她找到公司领导反映情况时，却被告知在外资企业中，一切文件都要以英文的版本为准，中文版本不能作准。这家外资公司的说法是否有道理?

律师说法

本案主要涉及的是劳动合同的中外文版本不一致时应该如

何处理的法律问题。张某所在的外资企业应该以中文合同为准来规范劳动关系。

我国改革开放以后，外资企业、中外合资经营企业、中外合作经营企业这些经营模式大量出现在我们身边。外资企业中，管理层大多由外籍人士组成，日常工作中为了方便交流，所聘用的人员大都能熟练运用外语，日常办公也都是以外文为主。因此，会出现一种误读，就是在外企中外文版文件的效力要高于中文版。

就签订劳动合同方面来说，为了便于管理者、劳动者以及相关部门明白劳动合同的内容，外资企业一般都会与劳动者分别签订中文、外文劳动合同各一份，这种做法可以说是一举两得。但这就要求两份合同内容一致，如果合同中的某些条款存在不同，或者因中外文表达方式的差异，使两份文本内容有所出入，就会很容易产生争议。一旦发生了劳动争议，用人单位和劳动者往往都会各执一词，利用两份合同中的不同之处来主张自己的权利。而根据上文所述，大部分人都会认为外资企业中的劳动合同应该以外文版为准，这种想法其实是错误的。根据《劳动部办公厅关于贯彻〈外商投资企业劳动管理规定〉有关问题的复函》的规定："企业与职工签订合同，须用中文书写，亦可同时用外文书写，但中外文本必须一致。中文合同文本为正本。合同鉴证机关只鉴证中文文本合同。"

在本案中，张某和外资企业签订劳动合同时必须签订一个中文版本，而在签订中文、英文两份劳动合同时，应该以中文合同文本为正文。也就是说，外资企业应该按照中文合同的规定每月支付给张某 7500 元人民币的工资。

2. 女员工离职后公司不给任何补偿，她需要遵守竞业禁止协议吗？

于某是某软件公司的美工，负责该公司产品的美工工作。进入公司之时她与公司签订的劳动合同之中约定了为期两年的竞业限制期限，同时合同中还进一步约定：如果员工违反了竞业限制的相关义务，则需要向公司支付高达十万元的违约金。然而于某才进入公司不到四个月，公司就因为经营状况恶化宣布裁员，于某不幸出现在裁员的名单中。失业后的于某受竞业限制的约束，两年内不能到其他软件公司从事美工业务，而她除了擅长游戏美工之外没有别的求职优势，因此，在经济上陷入了窘迫的境地。但如果于某违反竞业限制的约定到其他公司求职，那么她将要承受高达十万元的违约金，这对于她来说无疑是雪上加霜。那么，于某应该如何保护自己的权益呢？

律师说法

本案主要涉及的是劳动者在遵守竞业限制约定时能否得到相应补偿的法律问题。于某在遵守竞业限制约定时，可以向某软件公司要求支付经济补偿金，公司不支付补偿金的情况下，于某可以不受竞业限制条款的约束。

竞业限制的约定往往限制了劳动者的就业自由，这在保护了用人单位相关利益的同时，必然会使劳动者受到经济上的损失。为了遵守合同中约定的竞业限制条款，劳动者最长可能在两年内无法从事相关行业的工作。因此，用人单位应当向劳动者支付一定的经济补偿金。如果用人单位不支付或者停止支付补偿金，则竞业限制条款对劳动者的约束也随之终止。

我国对于竞业限制的补偿是这么规定的，《劳动合同法》第二十三条第二款规定："对负有保密义务的劳动者，用人单位可以在劳动合同或者保密协议中与劳动者约定竞业限制条款，并约定在解除或者终止劳动合同后，在竞业限制期限内按月给予劳动者经济补偿。劳动者违反竞业限制约定的，应当按照约定向用人单位支付违约金。"

在本案中，于某和某软件公司的劳动合同中约定了两年的竞业限制期限和十万元的违约金，这些都是合法的，然而没有约定补偿金却成了合同的致命伤。于某可以要求公司在竞业限制期限内按月支付给她相应的补偿金。如果公司拒绝支付补偿金，于某则无须遵守竞业限制条款的规定。

此外，我们在此要提醒广大女性朋友注意，违约金和补偿金在我国法律中并没有硬性的规定，因此，违约金和补偿金的数额一般由签订劳动合同的双方协商确定。当然，违约金和补偿金在数额上要合理，如果数额过于悬殊，那么在法律实践中会判令做出调整，甚至会导致竞业限制条款的无效。

3. 一个月只让女员工休息一天，这合法吗?

王某刚从某职业技术学校毕业，便通过某人才市场找到了一份办公室行政文员的工作，她想象着即将开始“朝九晚五”的白领工作，对未来充满了美好的憧憬。然而刚入职，大量合同校对工作就让她焦头烂额。最让王某意外的还是工作时间，原本她期待着“朝九晚五”，然而公司却要求每位员工每天早上八点半就上班，下午六点才下班，而且公司还规定办公室的每个员工一个月只能休息一天。这对王某来说，自己每天可以支配的时间比预想的少了一个半小时，而且一个月只能休息一天。王某刚从学校毕业，新工作的一切都令她措手不及，同时她开始怀疑公司的用工制度是否合理。

律师说法

本案涉及一个法律概念——标准工时制度。本案主要涉及的是王某公司的用工制度是否符合标准工时制度的法律问题。王某所在公司是否违法不能一概而论，而应该看公司对于用工时间的具体安排以及工资计算方式。

标准工时制度是由法律确定的一昼夜中工作时间长度、一周中工作时间长度，并要求各用人单位和一般职工普遍实行的基本工时制度。标准工时制度对于工作的时间长度作了限制性规定，保证了劳动者在正常的用工制度下获得休息的权利。

我国《劳动法》第三十六条规定："国家实行劳动者每日工作时间不超过八小时、平均每周工作时间不超过四十四小时的工时制度。"而根据《国务院关于职工工作时间的规定》第三条的规定："职工每日工作 8 小时、每周工作 40 小时。"显然上述法律规定在每周工作时间上有了 4 个小时的差距。针对这个差距，《劳动部关于职工工作时间有关问题的复函》作了进一步的规定：如果用人单位安排的工作时间每周超出 40 小时但不足 44 小时，且不作延长工作时间处理，劳动行政部门有权要求用人单位改正。由此可以看出，我国实行的是每日 8 小时的工作制度，每周工作 5 天。

现实中具体的用工时间是否合法还需要进一步计算。有的用人单位会给员工中午留出一定的午休时间，这不能算作工作时间；有的用人单位虽然安排员工在周六、周日工作，但同时安排了调休，那么它也没有违反标准工时制度。

在本案中，王某所在的公司要求员工每天早上八点半上班，下午六点才下班，而且还要求办公室的员工每月只能休息一天，这大大超过了标准工时制度规定的工作时间，肯定是违法的。

4. 饭店女服务员弄坏了食材，可以被扣工资吗？

金某高中没毕业就辍学出来打工，经熟人介绍在某饭店的后厨工作，跟一位老厨师学习做菜，饭店和她签订的劳动合同中约定工资为每月 3000 元。金某平时做事很散漫，经常受到领导的批评，但是她却左耳进右耳出，领导无奈只能给她安排打扫后厨卫生的工作。按照工作要求，金某应该在打扫卫生后，将垃圾及时清理干净。然而某日，由于金某的疏忽，她将应该及时清理的垃圾遗忘在了食材附近，致使一批新鲜的食材受到污染。饭店的领导得知后很生气，告知金某她的工资从这个月起将只发1000元，其余2000元用于赔偿饭店的损失，等赔偿完才能恢复3000元的工资。金某也意识到了这次错误的严重性，但她认为饭店对自己的处罚过于严重，每个月只发1000元的话，自己根本没有办法生活。金某想和饭店协商但是又不好意思开口，她想知道法律上有没有相关的规定？

律师说法

本案主要涉及的是用人单位扣发劳动者工资的情况是否合理的法律问题及法律对于用人单位扣发工资的限制问题。饭店扣发金某的部分工资用于弥补其在工作上的损失，这个做法是合理的。但是饭店扣发了金某工资的三分之二，这种做法违反了法律的规定。

用人单位按照法律规定或者合同约定，可以扣发劳动者的工资。诚然，现实生活中的意外事件都很难预计，劳动者有可能在工作中没有给用人单位带来效益，反而造成了损失。而这种情况的发生，多半是由于劳动者自己的疏忽、技能的不熟练或者其他原因。这些都应当视为劳动者在工作中有过错，用人单位有权要求劳动者赔偿损失。

《工资支付暂行规定》规定："因劳动者本人原因给用人单

位造成经济损失的，用人单位可按照劳动合同的约定要求其赔偿经济损失。经济损失的赔偿，可从劳动者本人的工资中扣除。”同时，法律从保护劳动者的角度出发，对用人单位的权利也进行了一定的限制。法律规定，劳动者给用人单位造成经济损失的，用人单位扣除劳动者工资时，不能一次性扣光，每月扣除的部分不得超过劳动者当月工资的20%。用人单位扣除劳动者工资时，每个月扣除后的工资也不得低于当地最低工资标准。如果扣除后的工资低于当地最低工资标准，应当按照最低工资标准额度发放工资。

法律还针对劳动者被克扣工资的救济途径作了相关的规定，根据《劳动合同法》第八十五条的规定，用人单位未按照劳动合同的约定或者国家规定及时足额支付劳动者劳动报酬的，劳动者可以依法向劳动保障行政部门反映，由劳动行政部门依法责令支付劳动者报酬，逾期不支付的，可以责令用人单位按应付金额50%以上100%以下的标准向劳动者加付赔偿金。用人单位拖欠工资时，劳动者可以依法向劳动仲裁委员会申请仲裁，对仲裁不服的，可以依法向人民法院起诉。

在本案中，金某因为自己工作上的失误造成了饭店新鲜食材被污染，饭店有权要求金某承担责任，并且根据法律的规定扣发金某工资的一部分作为赔偿。但是金某的月工资只有3000元，饭店不能扣发超过600元，同时还需要保证发给金某的剩余工资没有低于当地的最低工资标准。饭店扣发金某2000元的行为属于克扣工资，是违法的。

5. “包吃包住”可以算女裁缝工资的一部分吗？

叶某是某制衣厂的裁缝，她和制衣厂所签订的合同约定：每月工资1500元，包吃包住。签订合同的时候，制衣厂所在地的最低工资标准是每月1800元。工作一年后，因为物价上涨，当地人民政府相关部门决定将当地的最低工资标准调至每月2000元。叶某找到制衣厂的领导，希望领导给她加工资。而领导则表示，工资是进厂的时候就定好的，不会改。领导还告诉叶某，其在制衣厂里工作时享受了包吃包住的待遇，也应算作工资待遇的一部分。制衣厂为包吃包住所付出的费用加上叶某的工资早就不止2000元了。同时厂领导还告诉叶某，因为物价上涨，员工包吃包住的开销也大大增加，如果叶某执意要求增加工资，那么制衣厂将不再负责叶某的吃住。制衣厂领导的说法是否合理呢？

律师说法

本案主要涉及的是最低工资标准的确定以及劳动合同履行的法律问题。在最低工资标准有所改变的时候，制衣厂应该按照规定保证本厂的职工工资等于或者高于最低工资标准。制衣厂包吃包住的行为不影响最低工资标准的限制。

最低工资标准的设置，为的是画出一条底线来保障劳动者的权益。随着经济增长、物价提高，如果这条底线依旧维持不变，那将达不到保障劳动者权益的目的。一般来说，确定最低工资标准一般要考虑城镇居民生活费用支出、职工个人缴纳社会保险费、住房公积金、职工平均工资、失业率、经济发展水平等因素。

根据《最低工资规定》第六条和第十条的规定，确定和调整月最低工资标准，应参考当地就业者及其赡养人口的最低生活费用、城镇居民消费价格指数、职工个人缴纳的社会保险费和住房公积金、职工平均工资、经济发展水平、就业状况等因素。最低工资标准发布实施后，如果相关因素发生变化，应当适时调整。最低工资标准每两年至少调整一次。《最低工资规定》第十一条还规定，用人单位应在最低工资标准发布后10日内将该标准向本单位全体劳动者公示。

在本案中，工资是以货币的形式支付给劳动者的，因此，制衣厂包吃包住的费用应当不属于工资的组成部分。在计算叶某这样包吃包住工人的工资时，不应当将吃住的费用计算在工资之内。因此，即使是包吃包住，工资也不能低于最低工资标准。在最低工资标准调整以后，制衣厂也应当做出相应的调整，将叶某的工资提高到2000元以上。需要指出的是，包吃包住的条件是制衣厂和叶某在签订劳动合同之时就约定好的，制衣厂同样不能因为提高了叶某的工资而单方面宣布不再负责叶某的吃住。

6. 女员工长期加班，可以用补休代替加班工资吗？

林某所在的玩具代工公司在国庆节前期接到了一个重要的

订单，为了保证订单得以顺利完成，公司要求林某所在的部门从即日起加班进行预算分析，并承诺完成订单后会给每个加班的员工放假休息。为了完成工作，林某从九月底开始天天晚上加班到九点多才回家，而且国庆的七天长假她也天天都在公司加班，终于在国庆假期结束后将预算报表交到了领导手里。领导也根据承诺给林某放了三天的假。但是，等到十月的工资发下来后，林某发现公司并没有给自己支付加班工资，于是找到领导问个究竟。领导说已经给林某放了三天的假作为补休，因此，不再支付加班工资了。那么，公司的做法是正确的吗？

律师说法

本案主要涉及加班费和补休的关系的法律问题。公司要求林某国庆假期加班后，可以安排补休。但是公司仅给林某补休了三天就宣布不再支付加班费的行为是不合法的。

从情理上来说，加班这个行为是用人单位剥夺了劳动者休息的时间。因此，用人单位补偿劳动者最为合理的方式应该是提供给劳动者补休以补偿劳动者的休息时间。但补休这种补偿不是在任何时候都适用，对珍视亲情的中国人来说，元旦、春节、中秋、国庆等法定节假日的特殊意义是不可替代的。而且就加班工资来说，我国《劳动法》第四十四条规定的法定节假日加班和公休日加班的加班工资数额也不同。用人单位在公休日加班的，要支付给劳动者不低于原工资2倍的工资报酬；而在法定节假日安排劳动者工作的，应当支付不低于原工资3倍的工资报酬。如果用人单位在法定节假日安排了劳动者工作，仅仅对劳动者给予补休的话，这对于劳动者来说是不公平的。

因此，《劳动部关于贯彻执行〈中华人民共和国劳动法〉若干问题的意见》第七十条对补休问题作了明确的规定："休息日安排劳动者工作的，应先按同等时间安排其补休，不能安排补休的应按劳动法第四十四条第（二）项的规定支付劳动者延长工作时间的工资报酬。法定节假日（元旦、春节、劳动节、国庆节）安排劳动者工作的，应按劳动法第四十四条第（三）项支付劳动者延长工作时间的工资报酬。"

一般来说，国庆的七天长假是由四天公休日以及三天法定节假日构成的。在本案中，林某国庆七天长假全部都在加班，加班结束公司给她放了三天的假，这三天应该认定为公司对于她在公休日加班的补休。公司应该再补给郭某三天法定节假日的加班工资（3 倍工资）以及一天公休日的加班工资（2 倍工资）。同时，林某在国庆长假前还常常加班到晚上九点多，公司还应该按照时间支付她延长劳动时间的加班工资（1.5 倍工资）。

7. 公司可以要求女职工一年到头都加班吗？

某首饰加工厂接到了一笔单子，货要得很急，为了保证工作能够顺利完成，厂领导决定安排员工加班。厂领导将工人分为两批，分别上早班和晚班，每天工作十个小时，一周七天都上班，只在每天的中午和晚上各留一个小时的时间让机器停机休息。同时，为了提高员工的积极性，厂领导决定在加班期间统一给劳动者发放三倍的加班工资。在全厂上下的努力下，首饰加工厂花了一个月的时间终于完成了顾客交付的任务。该工厂高效率的工作给顾客带来了深刻的印象，顾客打算将更多的单子交给该工厂，这也就意味着工厂在下阶段还会继续加班。工厂的员工甚至还听说可能一年到头都要加班，所以大家都议论纷纷。许多年轻男员工都很开心，认为这样的加班越多越好；而有一部分女员工则认为自己的身体实在是吃不消了，都表示不愿意再加班。那么，工厂的做法对吗？

律师说法

本案主要涉及的是加班时间限定的法律问题。工厂在上一阶段所制订的工作计划违反了劳动法的相关规定。

现代社会的劳动者在工作中承受着很大的压力，有的劳动者甚至因为高强度的工作而丢了性命，“过劳死”这样的新名词也应运而生。“过劳死”最简单的解释就是超过劳动强度而致死，而在每一个“过劳死”案例的背后我们都可以看到劳动者生前辛苦加班的身影。这不能不让我们反思：用人单位可以无限度地要求劳动者加班吗？

根据《劳动法》第四十一条的规定：“用人单位由于生产经营需要，经与工会和劳动者协商后可以延长工作时间，一般每日不得超过一小时；因特殊原因需要延长工作时间的，在保障劳动者身体健康的条件下延长工作时间每日不得超过三小时，但是每月不得超过三十六小时。”

需要注意的是，有些用人单位还会和劳动者签订一些协议书、保证书之类的文件，其中约定劳动者的加班属于自愿行为，以此来规避法律。但《劳动法》第四十三条作了进一步的规定："用人单位不得违反本法规定延长劳动者的工作时间。"这说明法律关于加班时间的规定属于强制性规定，劳动者和用人单位必须严格遵守，不能通过双方当事人的协商予以变更。

在本案中，工厂安排了每天十小时的工作计划，这超出了延长工作时间"每日不得超过一小时"的规定，同时工厂让员工连续工作了一个月，这更是大大超出了"每月不得超过三十六小时"的规定。工厂随后还有可能接手新的工作，即使工厂全体员工都同意按照原计划继续加班，工厂也不能超过法律规定的时间范围来安排劳动者加班，否则会受到相应的行政处罚。

8. 正在休假的女售票员可以拒绝公司的加班要求吗？

徐某是某运输公司长途客车上的售票员，平时与领导的关系不和，经常发生争执，为此没少挨批。某地因为发生泥石流冲毁了铁路，救灾物资只能通过长途汽车运进灾区。运输公司接到上级指令，要求全力抢运救灾物资，因此，公司要求内部所有的车辆及所有员工都加班参加运输任务。徐某接到公司加班通知时正在休假中，她认为公司安排她在休假的时候加班，是领导故意和她过不去，因此拒绝加班。同时，许某还提出了自己的依据，表明自己这一个月一直在外跟着大巴车跑客运，如果继续加班肯定超过了每月加班不得超过36小时的法律规定。那么，徐某是否可以拒绝公司的加班要求？

律师说法

本案主要涉及的是劳动者是否能拒绝加班的法律问题。在本案中，徐某不能拒绝运输公司安排的加班。

在劳动关系中，用人单位和劳动者之间是管理和被管理的关系，因此，用人单位在必要的时候要求劳动者加班完成工作是合理的。当然，根据相关的规定，用人单位需要加班时，应当与工会和劳动者进行协商。这也从一个侧面说明，用人单位所布置的加班工作不是必须执行的，劳动者有着和单位协商的余地，尤其在用人单位违反了劳动法的规定延长劳动者工作时间的情况下，劳动者有权利拒绝加班。

然而，在有些情况下劳动者是不能拒绝加班的。我国《劳动法》第四十二条对此进行了列举：（1）发生自然灾害、事故或者因其他原因，威胁劳动者生命健康和财产安全，需要紧急处理的；（2）生产设备、交通运输线路、公共设施发生故障，影响生产和公众利益，必须及时抢修的；（3）法律、行政法规规定的其他情形。

同时，《劳动部贯彻〈国务院关于职工工作时间的规定〉的实施办法》第七条还对上述情形进行了补充，增加下面两条：（1）必须利用法定节日或公休假日的停产期间进行设备检修、保养的；（2）为完成国防紧急任务，或者完成上级在国家计划外安排的其他紧急生产任务，以及商业、供销企业在旺季完成收购、运输、加工农副产品紧急任务的。

在本案中，运输公司所负责的任务是向灾区输送救灾物资，属于上述法条所涉及的内容。因此，徐某不能拒绝运输公司安排的加班。即使运输公司因为安排徐某参加这次救灾运输致使她在当月加班超过了36个小时，公司的行为也不违法。

9. 女员工要求休探亲假，公司不批准合法吗？

赵某曾在外地上大学，由于离家太远，平时很少回家，大学毕业后在学校当地的一家民营企业找了一份出纳的工作。由于赵某的老家所在的地方实在很偏僻，交通也极不方便，就连在过年和放国庆长假的时候她都没能买到回家的车票。工作了一年多都没回家，赵某十分想念家中的父母，她向单位领导提出想请探亲假回家看看父母，却被单位领导拒绝。单位领导告诉她，探亲假仅事业单位的职工才有，私营企业没有探亲假，同时领导还告诉她公司制度规定没有特殊情况，也不允许员工请长假回家探亲。赵某很沮丧，领导的话意味着她只要在这家单位工作，就很有可能一直都没有机会回家看看。那么，法律是否赋予了劳动者休假探亲的权利呢？

律师说法

本案主要涉及两个法律概念：探亲假和带薪年休假。赵某所在的单位可以不给赵某放探亲假，但是赵某依法享有带薪年休假，她有权请假回家探亲。

探亲假是指职工享有保留工作岗位和工资而同分居两地，又不能在公休日团聚的配偶或父母团聚的假期。但是由于探亲假的相关规定是在1981年就出台的，因此适用范围十分有限，仅针对在国家机关、人民团体和全民所有制企事业单位的固定职工。在实行市场经济后，我国的用工制度有了进一步的突破，劳动关系也十分复杂，探亲假的相关规定已经不能满足现状，因此，带薪年休假制度就此产生了。

我国《劳动法》第四十五条对带薪年休假作了原则性的规定："国家实行带薪年休假制度。劳动者连续工作一年以上的，享受带薪年休假。具体办法由国务院规定。"《职工带薪年休假条例》第二条对享受带薪年休假的人员范围进行了明确：机关、团体、企业、事业单位、民办非企业单位、有雇工的个体工商户等单位的职工连续工作1年以上的，享受带薪年休假。单位应当保证职工享受年休假。《企业职工带薪年休假实施办法》对于年休假的人员范围和条件作了进一步的补充：第二条将人员范围扩大到了所有与用人单位建立劳动关系的职工，而第三条则将"1年以上"进一步明确为"连续工作满12个月以上"。

在本案中，赵某所在的单位是民营企业，因此，单位不会给赵某放探亲假。但从案情上看，赵某在单位工作了一年多了，属于"连续工作满12个月以上"的情况，因此，赵某可以向单位提出休带薪年休假，公司不得拒绝。

10. 女员工的带薪年休假该怎么休?

承接上一个案例，在赵某的积极争取下，公司答应给她放年休假。但是赵某并不清楚年休假应该怎么放？年休假可以放几天？年休假的假期可以如何安排？未能享受年休假时能否获得补偿？这些问题都困扰着赵某。那么法律对于带薪年休假到底是如何规定的？

律师说法

本案主要涉及的是带薪年休假的放假期限、放假方式等法律问题。下面就对上述问题进行详细的解答。

针对赵某的第一个问题：年休假应该怎么放？

《职工带薪年休假条例》第五条第一款对此进行了明确的规定："单位根据生产、工作的具体情况，并考虑职工本人意愿，统筹安排职工年休假。"也就是说，虽然赵某有休年假的权利，但是也需要在单位的统筹安排下才能休假。

针对赵某的第二个问题：年休假可以放几天？

我国年休假放假的天数是和劳动者的累计工作时间相关的，累计工作时间越长，放假的天数越多。《职工带薪年休假条例》第三条第一款规定："职工累计工作已满1年不满10年的，年休假5天；已满10年不满20年的，年休假10天；已满20年的，年休假15天。"为了保证劳动者的年休假天数足够，该条例第三条第二款还规定："国家法定休假日、休息日不计入年休假的假期。"同时，《企业职工带薪年休假实施办法》第六条还规定："职工依法享受的探亲假、婚丧假、产假等国家规定的假期以及因工伤停工留薪期间不计入年休假假期。"在本案中赵某已经工作1年了，她应该有5天的年休假。单位给她安排假期时，不得将公休日、法定节假日以及其他的假期算作其年休假的一部分。

针对赵某的第三个问题：年休假的假期可以如何安排？

休年休假的时间是由劳动者和用人单位双方共同确定的，应该综合考虑劳动者的意愿和用人单位工作的实际情况，因此，对于年休假假期的安排法律上的规定十分宽松。而且，年休假的假期可能会超过5天，如果年休假不能拆分开来休的话必然会和双休日"撞车"。

《职工带薪年休假条例》第五条第二款规定："年休假在1个年度内可以集中安排，也可以分段安排，一般不跨年度安排。单位因生产、工作特点确有必要跨年度安排职工年休假的，可以跨1个年度安排。"因此，赵某在休年休假回家探亲时，可以选择一次将5天的年假都用了，也可以将年假拆开来多回家几次。当然，无论赵某如何选择，她都需要留给单位充足的时间来安排假期。

针对赵某的第四个问题：未能享受年休假时能否获得补偿？

年休假和普通的请假有着很大的一个不同，那就是它有着法律上的支持，法律规定："职工在年休假期间享受与正常工作期间相同的工资收入。"这也意味着劳动者在不能享受年休假时有权利要求补偿。

根据《职工带薪年休假条例》第五条第三款的规定："单位确因工作需要不能安排职工休年休假的，经职工本人同意，可以不安排职工休年休假。对职工应休未休的年休假天数，单位应当按照该职工日工资收入的300%支付年休假工资报酬。"同时，《企业职工带薪年休假实施办法》第十一条还对未休年休假的工资计算方法作了进一步明确："计算未休年休假工资报酬的日工资收入按照职工本人的月工资除以月计薪天数（21.75天）进行折算。前款所称月工资是指职工在用人单位支付其未休年休假工资报酬前12个月剔除加班工资后的月平均工资。在本用人单位工作时间不满12个月的，按实际月份计算月平均工资……"也就是说，赵某如果放弃休年休假，就可以要求单位支付给她5天的3倍工资。

11. 学校女员工有寒暑假，就没法休年休假了吗？

李某学习成绩优秀，从师范院校毕业后，就职于一所小学，在学校的教导处从事行政工作。李某稳定的工作让其周围的朋友都羡慕不已，其中被李某的朋友提及最多的无疑是休假很多。因为李某每年都有寒假和暑假，自己能够支配的时间比其他人多很多。但年初时，学校领导和当地的少年宫协商决定，在寒假和暑假期间利用学校场地开展冬令营和夏令营活动。李某被安排为这两次活动的管理人员，要全程负责活动的开展。由于活动期限较长，活动结束时已经到了开学的日期，李某这两个假期不但没有放假，反而还常常加班工作。快到年底时，李某向学校领导提出休年休假的要求，被学校领导拒绝。学校领导表示，由于学校的工作性质特殊，学校内非全年值班的职工都不享有年休假。学校的说法对吗？

律师说法

本案主要涉及的是不能享受年休假的法定情形。李某在学校就职享有寒、暑假，她原则上不能休年休假，但是在本案的特殊情况下，李某可以休年休假。

年休假作为一种灵活自由的休假制度，为一年到头都在工作岗位上辛苦忙碌的劳动者提供了一个免费的长假，或者让劳动者在遇到突发情况时能调整出若干个自由支配的短假。然而这种假期并不是“一视同仁”的，有部分劳动者因为工作的性质或者在工作中已经请了长假，是不能享受当年的年休假的。根据《职工带薪年休假条例》第四条的规定，职工有下列情形之一的，不享受当年的年休假：（1）职工依法享受寒暑假，其休假天数多于年休假天数的；（2）职工请事假累计 20 天以上且单位按照规定不扣工资的；（3）累计工作满 1 年不满 10 年的职工，请病假累计 2 个月以上的；（4）累计工作满 10 年不满 20 年的职工，请病假累计 3 个月以上的；（5）累计工作满 20 年以上的职工，请病假累计 4 个月以上的。

在本案中，李某在小学工作并因工作关系可以享有寒、暑假。一般来说，小学寒、暑假的日期加起来都会多于年休假的天数（年休假最多15天），因此，李某在享受了寒、暑假的同时就不能再休年休假了。但是本案中有一个特殊点，那就是学校安排李某在寒暑假两个假期期间，都作为管理人员负责开展少年宫的活动，李某没能得到休息。《企业职工带薪年休假实施办法》第七条规定："职工享受寒暑假天数多于其年休假天数的，不享受当年的年休假。确因工作需要，职工享受的寒暑假天数少于其年休假天数的，用人单位应当安排补足年休假天数。"因此，李某可以要求学校给她放年休假，具体放假的天数根据李某累积工作的年限来确定。

12. 酒店女领班被要求任职期间不得结婚，合法吗？

黄某相貌出众，是某酒店前台领班人员之一，酒店要求前台领班人员都要保持良好的身材和气质，在劳动合同中对于每个领班人员的身高、体重等都作了明确的限制，同时劳动合同中还约定："如果劳动者在未经领导批准的情况下结婚，则视为自动解除劳动合同。"黄某恋爱后打算结婚生子，她向酒店领导征求意见时得知：酒店从来没有批准结婚的先例，凡是结婚的前台领班都被酒店辞退了。知道这个结果后，黄某很无奈和生气，她想通过法律的途径来维护自己的婚姻自由。

律师说法

本案主要涉及的是劳动合同无效的法定情形之一。黄某和酒店所签订的合同中有关限制结婚的约定是无效的。

在现实生活中，用人单位出于管理的需要，或多或少地会对劳动者进行限制，如要求统一着装、要求说普通话、要求微笑服务等。如果这些限制是出于工作的实际需要，那无可厚非。但如果这些限制十分荒谬、不近人情，甚至违反了法律规定，那就另当别论了。较为典型的例子就是，有的公司在劳动合同中和劳动者约定："工作期间不能谈恋爱""工作期间不能结婚"或"工作期间不能生孩子"。

从法律上来讲，婚姻自由在《宪法》和《婚姻法》中都有明文规定，是公民的基本权利之一。男女双方只要符合法定条件，且出于自愿，就有权结婚，确立夫妻关系，任何组织或个人都不得干预。同时，根据我国《劳动合同法》第二十六条的规定，劳动合同在违反法律、行政法规强制性规定的情况下，无效或者部分无效。劳动合同中规定合同期内不能结婚是对婚姻自由权的干涉和侵犯，违反了法律规定，因此，是无效条款，对合同双方没有约束力。

在本案中，虽然酒店没有直接在合同中规定工作期间不能结婚，但是在酒店的实际操作中，其要求领班人员结婚需要得到领导的批准，而在面对领班人员的申请时领导又直接予以拒绝。这变相构成了对劳动者婚姻自由的侵犯，违反了法律的相关规定。因此，黄某可以对酒店在合同中的约定提出异议，如果产生争议，应该交由劳动争议仲裁机构或者人民法院确认。

13. 女文秘被迫签订不给上社保的霸道条款，合法吗？

邝某被某外资企业聘用从事文秘工作，在谈到工资待遇时，主管和她直言，公司决定给她的工资是8000元，比其他企业同类型的文秘岗位要高不少，但是由于公司是一家外资企业，除工资外没有其他的福利待遇，养老、医疗保险等问题都需要员工自己解决。同时，主管还表示，公司每年会评出先进工作者并为其购买下一年度的商业保险以资鼓励。邝某觉得自己还年轻，保险这些东西要不要也无所谓，于是同意了公司的安排并签订了劳动合同。在工作几个月后，邝某和公司产生了纠纷，邝某向公司提出补交社会保险费的要求。而公司则借机表示，和邝某签订的劳动合同中没有约定社会保险的内容，因此，合同是无效的，欲解雇邝某。公司的说法合法吗？

律师说法

本案涉及的是劳动合同部分无效的处理方法的法律问题。邝某有权要求公司补交社会保险费，而公司无权以合同无效为由解雇邝某。

社会保险是以国家为主体，对有工资收入的劳动者在暂时或者永久丧失劳动能力，或虽有能力而无工作亦即丧失生活来源的情况下，通过立法手段，运用社会力量给这些劳动者一定程度的收入损失补偿，使之能继续维持基本生活水平，从而保证劳动力再生产和扩大再生产的正常运行，保证国内社会安定的一种制度。我国的社会保险包括养老保险、医疗保险、失业保险、工伤保险、生育保险五种保险。

我国《劳动法》第七十二条规定：“社会保险基金按照保险类型确定资金来源，逐步实行社会统筹。用人单位和劳动者必须依法参加社会保险，缴纳社会保险费。”这就说明用人单位缴纳保险费是其法定义务。同时，根据我国《劳动合同法》第二十六条的规定。用人单位免除自己的法定责任、排除劳动者权利的，劳动合同无效或者部分无效。

在本案中，邝某和外资企业在劳动合同中约定以高薪或者商业保险来代替社会保险是无效的，双方对此都没有异议。但是双方对于合同条款无效后，应该如何处理这个合同却产生了争议。社会保险虽然是劳动合同中的必备条款之一，但缺乏对社会保险的约定并不会使劳动合同不能继续履行，因此，在本案中，双方有关社会保险的约定仅使劳动合同部分无效。根据《劳动合同法》第二十七条的规定，劳动合同部分无效，不影响其他部分效力的，其他部分仍然有效。在邝某和外资企业的劳动合同中，有关社会保险部分的约定是无效的，合同的其他部分的效力并不受影响。邝某有权要求公司补交社会保险费，而公司无权以合同无效为由解雇邝某。

14. 劳动合同无效，公司就可以拒绝给女销售发工资吗？

宋某经过面试进入了一家公司，从事销售业务。在签订劳动合同时，公司主管向宋某介绍了公司的一大特点就是“多劳多得”，并表示公司希望挖掘员工的潜力，因此，员工的底薪很低，但是只要完成了公司制定的销售任务，便可以获得丰厚的奖金，超出任务量的部分奖金将会更加丰厚。宋某认为自己是一个很勤快的人，这份工作很适合自己，于是便签订了劳动合同并接受了公司主管给她定下的销售任务。然而开始工作后，她却发现公司制定的工作任务十分繁重，即使自己加班加点也无法在规定的期限内完成工作任务。通过向同行业的人询问，宋某得知公司给自己定的个人工作任务量大大超出同行定的标准，根本不可能完成。宋某以劳动合同系被骗所签订应为无效为由与公司交涉。公司同意解除合同，但提出不再支付宋某的工资。公司称：合同既然无效当然就不能根据合同发工资了，所以发工资没有根据。那么，劳动合同无效就不能获得工资吗？

律师说法

本案主要涉及的是劳动合同无效的处理方法的法律问题。宋某和公司所签的劳动合同为无效合同，但宋某有权要求公司根据其实际的工作情况来支付工资。

用人单位给劳动者定工作任务量的行为是合情合理的。通过定任务量可以考查劳动者是否达到用工的标准，工作任务量的完成情况同时可以作为对劳动者的奖惩标准。当然，这一切都是建立在工作任务量公平、合理的基础上。有的单位故意隐瞒事实，利用劳动者刚入行，对行业标准还不了解的情况，故意在劳动合同中制定很繁重的任务量。用人单位这么做是为了让劳动者始终处于不能完成工作任务的状态，以变相克扣劳动者的工资，这违背了诚实信用原则。根据我国《劳动合同法》第二十六条的规定，以欺诈、胁迫的手段或者乘人之危，使对方在违背真实意思的情况下订立或者变更劳动合同的，劳动合同无效或者部分无效。

在劳动者发现自己上当受骗后，往往已经付出了辛勤的劳动。此时，用人单位的优势地位进一步扩大，如果劳动者要继续工作，那用人单位将会保持这个不合理的用工标准，继续剥削劳动者；如果劳动者对这个用工标准提出了异议，那用人单位便会逼劳动者辞职，同时扣押劳动者部分或者全部的工资。

针对此种情况，《劳动合同法》第二十八条规定："劳动合同被确认无效，劳动者已付出劳动的，用人单位应当向劳动者支付劳动报酬。劳动报酬的数额，参照本单位相同或者相近岗位劳动者的劳动报酬确定。"

在本案中，宋某因为受到了用人单位的欺诈，其可以主张自己的劳动合同无效。虽然在劳动合同被确认无效后，合同的内容已经不能作为确认宋某工资的依据，但是这不意味着公司可以克扣宋某的工资。根据法律规定，公司应当参照本公司与宋某相同或者相近岗位劳动者的劳动报酬来给她发工资。

15. 怀孕女员工可以要求公司调换工作岗位吗？

周某是某钢厂的技术员，一直很想要个小孩，与丈夫结婚五年后终于怀孕了，小两口十分开心。在周某怀孕三个月的时候，她丈夫余某觉得周某的日常工作经常要做弯腰、下蹲等技术检修动作，可能会对胎儿的发育不利，于是他建议周某向厂里反映情况，让领导给她调换个适合现在身体状况的岗位。周某觉得丈夫说的十分有道理，于是向领导提出了调换工作的要求，领导却让周某再坚持干四个月，等她怀孕七个月的时候再考虑给她调换岗位。那么领导应不应该给周某及时调换工作岗位呢？

律师说法

本案主要涉及孕期禁忌从事的劳动范围的法律问题。周某的领导应该给她及时调换工作。

孕育下一代对任何人而言都是一件值得高兴的大喜事。处于怀孕期间的女性由于身体状况的不断变化需要精心的照顾和细心的呵护。为保护怀孕期间女职工的身心健康及胎儿的正常发育和成长，我国出台了一系列保护政策，规定了女职工孕期禁忌从事的劳动范围。

根据我国《劳动法》第六十一条、《女职工劳动保护特别规定》附录及《女职工保健工作规定》第九条的规定，不得安排女职工在怀孕期间从事孕期禁忌从事的劳动。怀孕女职工禁忌从事的劳动范围如下：

（1）作业场所空气中铅及其化合物、汞及其化合物、苯、镉、铍、砷、氰化物、氮氧化物、一氧化碳、二硫化碳、氯、己内酰胺、氯丁二烯、氯乙烯、环氧乙烷、苯胺、甲醛等有毒物质浓度超过国家职业卫生标准的作业；

（2）抗癌药物及己烯雌酚生产、接触麻醉剂气体等的作业；

（3）非密封源放射性物质的操作，核事故与放射事故的应急处置；

（4）高处作业分级标准中规定的高处作业；

（5）冷水作业分级标准中规定的冷水作业；

（6）低温作业分级标准中规定的低温作业；

（7）高温作业分级标准中规定的第三级、第四级的作业；

（8）噪声作业分级标准中规定的第三级、第四级的作业；

（9）体力劳动强度分级标准中规定的第三级、第四级体力劳动强度的作业；

（10）在密闭空间、高压室作业或者潜水作业，伴有强烈振动的作业，或者需要频繁弯腰、攀高、下蹲的作业。

女职工怀孕期间，如果从事的工作属于孕期禁忌从事的工作，则用人单位必须为其调换工作岗位。对于不能胜任原工作的怀孕女职工，应当根据医院出具的证明，减轻其工作量或者安排其他工作。怀孕 7 个月以上的女职工在工作时间内单位还应当为其安排一定的休息时间。

本案中，像周某在钢厂所从事的技术检修这种需要经常弯腰、下蹲的劳动属于孕期禁忌从事的劳动。因此，周某要求调换工作岗位是合法的，厂方应立即为其调换工作岗位，不能以任何理由加以拖延或者拒绝。

16. 怀孕女员工进行产检，算病假吗？

邢某已经结婚七年了，一直都想要一个宝宝，半年前通过中医调理，终于怀孕了。由于需要定期去医院做产前检查，邢某经常请假。邢某在单位是销售主管，平时工作十分繁忙，每次去做产前检查都要费一番周折安排好工作。在月底结算工资时邢某发现自己的工资不对，询问人事主管后，才得知单位将她产前检查的时间按照病假来处理。邢某十分纳闷，她觉得做产前检查应该按出勤对待才对，邢某的想法正确吗？

律师说法

本案主要涉及产前检查是否按出勤对待的法律问题。邢某的想法是正确的。

为了保证自身及胎儿的健康，怀孕女职工应及时进行产前检查。产前检查是指妊娠期对孕妇和胎儿所做的临床检查。产前检查时间应从确诊妊娠后开始，一般孕 28 周前每月一次，孕 28 ~ 36 周每两周一次，末一个月每周一次，若有异常情况，酌情增加检查次数。

为了保障怀孕期间的女职工能有充分的产前检查时间，根据我国《女职工劳动保护特别规定》第六条的规定，怀孕的女职工在劳动时间内进行产前检查，所需时间应当算作劳动时间。女职工产前检查应按出勤对待，不能按病假、事假、旷工处理。

对在生产第一线的女职工，要相应地减少生产定额，以保证产前检查时间。

本案中，邢某虽然工作十分繁忙，但还是需要按时去医院做产前检查，她的单位也应当予以支持。产前检查应当按照出勤处理，不可以按病假处理，单位不能以此为由克扣她的工资。邢某的想法是正确的，她可以和单位协商，让单位及时补发错扣的工资。

17. 女员工怀孕了就被解聘，这合法吗？

林某所在的公司非常注重工作效率，所以绝对不允许女员工怀孕，并且人事在当初签订合同的时候就告诉过林某此事。由于林某当时还很小，又很喜欢这份工作，觉得没什么，就签了合同。林某在公司一干就是十一年，现在她已经33岁了，家里一直催着她早点结婚生孩子，幸运的是，她也找到了心目中的“白马王子”。上个月，结婚不到半年的林某就怀孕了，她十分喜欢这份工作，但是若按照公司的规定，单位将和她解除合同。单位这样做合法吗？

律师说法

本案主要涉及用人单位能否与怀孕期间的女职工解除劳动合同的法律问题。林某公司的做法是不合法的。

小孩子是未来的希望、祖国的花朵，每一个怀了宝宝的母亲都期待着新生命的诞生，对孩子的未来充满了憧憬。但是对于用人单位而言，怀孕的女职工由于身体的状况，很多工作都不能完成，往往需要进行工作调换，是一件十分麻烦的事情。为了避免这样的麻烦，许多用人单位在当初和女职工签订劳动合同时便将“不准怀孕”写入劳动合同之中，殊不知这样做是违法的。

根据我国《劳动合同法》第四十二条的规定，出于对怀孕女职工的保护，在合同期未满的情况下，用人单位不能以女职工怀孕、产假和哺乳为由解除劳动合同。而且，在女职工怀孕期间，即使合同期满，用人单位也不能解除劳动合同，必须延续到孕期、产期和哺乳期满后才能解除合同。

本案中，林某公司当初和她签订的劳动合同中的“不准怀孕”的条款不合法，单位不能以林某怀孕违反劳动合同中的约定为由与她解除劳动关系。若林某的公司真的这样做，她可以与公司协商调解或者直接提起劳动仲裁来维护自己的合法权益。

18. 女员工如何休产假才是合法合理的?

贾某是某金融公司的人事主管，平时工作十分繁忙，而近些日子更是忙得焦头烂额——在未来的一个月有3个员工将要做母亲了，她们都跑来跟贾某请产假。38岁的高龄产妇梁某说：“我岁数大了，身体不好，在单位也工作了12年，我觉得单位应该多给我放几天产假，我要求休6个月的产假，工资必须给我照发。”24岁的新进员工小林说：“我刚来单位没多久就怀孕了，给单位添麻烦了。我休一个月的产假就好了，休产假期间可以不发工资给我的，就当我请事假好了。”23岁的公司前台小赵说：“我已经看过法律规定了，至少得给我放98天的产假，还得给我发工资，否则公司就违法了。”她们谁说的合理呢？

律师说法

本案主要涉及女职工产假时间及工资待遇的法律问题。前台小赵的说法是正确的。

我国法律充分保护妇女的各项合法权益，对于女职工怀孕、分娩后的身体休养十分关心，出台了产假这一法律制度来保障她们有足够的时间进行身体的调养和恢复。

所谓产假，是指在职妇女产期前后的休假待遇。根据《女职工劳动保护特别规定》第七条的规定，女职工产假98天，产前可以休假15天。所谓产前假15天，是指预产期前15天的休假。产前假一般不得放到产后使用。若孕妇提前生产，可将不足的天数和产后假合并使用；若孕妇推迟生产，可将超出的天数按病假处理。难产的，增加产假15天。生育多胞胎的，每多生育一个婴儿，增加产假15天。

对于女职工在产假期间能否享有工资待遇，各地区的规定有所不同。一般来说，女职工产假期间享受生育津贴，按照本企业上年度职工月平均工资享受工资待遇，由生育保险基金支付。女职工在产期内到底享受生育津贴还是工资待遇，要依各地的具体规定而定。

本案中，根据上述法律规定，梁某、小林、小赵至少可以休 98 天产假，至于产假能否延长，要看她们之后是否有难产、生育多胞胎等情况。在她们休产假期间，公司应当按照当地规定给她们发放工资或者生育津贴。

19. 女员工意外流产，可以休产假吗？

高某的身体一直很弱，结婚数年才怀孕。怀孕后的高某凡事都小心谨慎，天天穿平底鞋，也不拿重的东西。但是在一天回家的路上，怀孕四个半月的高某被从迎面奔跑而来的大型犬撞到，不幸流产了。高某十分伤心，流产后的她身体十分虚弱，需要好好休养。但是由于平时工作十分繁忙，高某的单位不让她休息。苦恼中的高某将这件事告诉了好姐妹王某，王某告诉高某可以休“小产假”。那么真的如王某所说，流产的赵某可以休产假吗？

律师说法

本案主要涉及女职工流产能否休产假的法律问题。高某可以休产假。

我国法律充分保障妇女、儿童的权益，不仅对于孕妇有特别的照顾，对于产妇也有十分体贴的考虑，规定了产假，让产妇可以得到充分的休息。

对于流产的女职工，流产后也需要一定时间的休养和调整，我国法律充分考虑到了这点，极为人性化地针对不同时期流产妇女的身体状况，给予了一定时间的产假，最长的可达42天。

根据我国《女职工劳动保护特别规定》第七条规定，女职工流产也可以休产假。当女职工怀孕不满4个月流产时，给予15天的假期；怀孕4个月以上流产时，给予42天的假期。

本案中，高某意外流产，需要好好休养调整。根据上述规定，她可以休产假，由于高某怀孕四个半月，她可以享受42天的产假。

20. 女员工快生育了，想知道如何享受生育险?

某物业公司的员工郭某结婚后不到半年就怀孕了，一家人其乐融融，尤其是她的婆婆特别开心，在她怀孕初期就从山东老家过来伺候她。郭某的丈夫李某也变得十分紧张，凡事都顺着郭某，生怕郭某有个闪失。李某向刚当爸爸一个月的邻居赵某讨教育儿经验时，得知郭某可以享受到一项特殊保险政策——生育保险，在生孩子的费用上，能省下很多钱。于是，郭某想知道如何享受生育险?

律师说法

本案主要涉及生育保险的概念的法律问题。郭某可以享受生育保险这项社会保险待遇。

生育保险是社会保险中的一项，是国家通过立法，对怀孕、分娩女职工在暂时中断劳动时，由国家和社会及时给予物质帮助的一项社会保险制度。

根据我国《劳动法》第七十三条、《企业职工生育保险试行办法》第四条至第七条及《劳动部关于贯彻执行〈中华人民共和国劳动法〉若干问题的意见》第五十八条的规定，生育保险的设立宗旨在于通过向生育女职工提供生育津贴、医疗服务和产假等方面的待遇，保障她们因生育而暂时丧失劳动能力时的基本经济收入和医疗保健，帮助她们恢复劳动能力，重返工作岗位。我国生育保险待遇主要包括两项：一是生育津贴，用于保障女职工产假期间的基本生活需要；二是生育医疗待遇，用于保障女职工怀孕、分娩期间以及职工实施节育手术时的基本医疗保健需要。生育保险费由企业按月缴纳，个人不缴纳。

生育保险是一项参保群体比较特殊的保险，它的存在关系到广大女职工的切身利益，对社会劳动力的生产与再生产具有极为重要的保护作用，并且对计划生育、优生优育等工作也产生了较为积极的影响。

本案中，根据上述规定，生育保险是国家通过社会保险立法，对生育职工给予经济、物质等方面帮助的一项社会政策。郭某符合享受生育保险的条件，在她生育后，由郭某本人或所在企业持婴儿出生、死亡或流产证明，到当地社会保险经办机构办理手续，领取生育津贴和报销生育医疗费。

21. 哺乳期的女员工可以享受何种优待？

陈某喜得千金，这个月的30号便是她闺女的满月酒，全家都沉浸在筹办满月酒的喜悦之中。但是陈某却有点儿高兴不起来，因为根据法律规定她可以休3个月的产假，但产假休完便要上班了，她从事行政工作，还时常加班，而家里距离单位要半个小时的路程，单位会允许她回家喂孩子吗？若不及时喂孩子，她担心会影响孩子的正常发育。更让她担心的是，休假结束后两个月她的劳动合同将到期，现在单位十分不景气，在大幅度裁员，她很担心单位会不和她续签劳动合同。针对陈某的情况，我国法律上对哺乳期女员工有何种优待措施？

律师说法

本案主要涉及我国对于哺乳期女员工的相关优惠政策的法律问题。

哺乳期是指女性生产后至其孩子满周岁期间。为了保护母婴健康，降低婴幼儿死亡率，国际上已将保护、促进和支持母婴喂养作为妇幼卫生工作的一个重要内容，我国也不例外。为此，我国出台了一系列相关法律法规来保障哺乳期妇女身体调养及其婴儿茁壮成长，并制定了很多的优惠政策予以扶持。

根据我国《劳动法》第六十三条、《女职工劳动保护特别规定》第四条、第九条及《劳动部关于贯彻执行〈中华人民共和国劳动法〉若干问题的意见》第三十四条的规定，女职工需要哺乳未满1周岁的婴儿的，用人单位不得安排其从事国家规定的第三级体力劳动强度的劳动和哺乳期禁忌从事的其他劳动，不得安排其延长工作时间和夜班劳动。并且，女职工在哺乳期内，劳动合同期限届满时，用人单位不得终止劳动合同。劳动合同的期限应自动延续至哺乳期期满为止。

哺乳不满 1 周岁婴儿的女职工，其所在单位应当在每天的劳动时间内给予其 1 小时哺乳（含人工喂养）时间。生育多胞胎的，每多哺乳一个婴儿，每天哺乳时间增加 1 小时。

本案中，陈某不用担心，根据上述法律规定，陈某的单位不得安排她加班，并且应当在每天劳动时间内给予陈某 1 小时哺乳的时间。关于陈某的劳动合同，在哺乳期内单位不得终止劳动合同，劳动合同的期限应自动延续至哺乳期期满为止。

22. 女工遭遇工伤，她能享受什么待遇？

张某是某国有企业的员工，负责工厂锅炉的定时除灰工作。在工厂工作了 10 年的张某，近段时间老是觉得自己胸口很闷，常常咳嗽，甚至还会咳出血来。她去医院检查后得知，自己已经患上矽肺病。通过医生的描述，张某得知此种病属于职业病。那么，张某能否享受工伤待遇？如何认定工伤呢？

律师说法

本案主要涉及工伤认定的法律问题。张某的病可以享受工伤待遇。

张某所得的矽肺，又称硅肺，是尘肺中最为常见的一种类型，是由于长期吸入大量含有游离二氧化硅粉尘所引起，以肺部广泛的结节性纤维化为主的疾病。矽肺在我国是比较常见的一种职业病。

工伤是指劳动者在劳动过程中负伤、致残或者死亡。根据我国《工伤保险条例》第十四条、第十五条的规定，在下列情况下发生的负伤、致残或死亡，一般可以被认定为工伤：（1）在工作时间和工作场所内，因工作原因受到事故伤害的；（2）工作时间前后在工作场所内，从事与工作有关的预备性或者收尾性工作受到事故伤害的；（3）在工作时间和工作场所内，因履行工作职责受到暴力等意外伤害的；（4）患职业病的；（5）因工外出期间，由于工作原因受到伤害或者发生事故下落不明的；（6）在上下班途中，受到非本人主要责任的交通事故或者城市轨道交通、客运轮渡、火车事故伤害的；（7）法律、行政法规规定应当认定为工伤的其他情形。

职工有下列情形之一的，视同工伤：（1）在工作时间和工作岗位，突发疾病死亡或者在48小时之内经抢救无效死亡的；（2）在抢险救灾等维护国家利益、公共利益活动中受到伤害的；（3）职工原在军队服役，因战、因公负伤致残，已取得革命伤残军人证，到用人单位后旧伤复发的，享受除一次性伤残补助金外的工伤保险待遇。

本案中，张某所得的矽肺是她10年的除灰工作所致，属于职业病的范畴。根据上述法律规定，张某应当享受工伤待遇。

23. 女员工患病，如何计算医疗期？

陈某毕业后在某公司担任财务负责人，现已工作6年，算是老员工了。由于平时工作忙无法按时吃饭，陈某2016年3月因犯肠胃炎住院治疗了1个月。陈某为了赶工作进度在身体未完全康复的情况下接着上班，后又因为肠胃炎复发在2018年5月住院治疗了2个月。那么，陈某能享受多长的医疗期，2次住院时间可否累计计算？

律师说法

本案主要涉及医疗期如何计算的法律问题。陈某能享受6个月的医疗期，2次住院时间可以累计计算。

所谓医疗期，指的是职工用于治疗疾病的一段期间。对于医疗期的确定，我国法律法规并没有采取“一刀切”，而是将其与职工本人实际参加工作的年限和在某一个具体的用人单位工作的年限联系起来确定，应用灵活，这样既考虑到了职工在用人单位工作时间的长短和对用人单位的贡献，又考虑到用人单位的实际承受能力，还考虑到了治疗疾病的实际需要。

根据我国《企业职工患病或非因工负伤医疗期规定》的规定，职工根据参加工作的不同年限，一般享有从3个月到24个月不等的医疗期，具体确定医疗期的方法如下：

（1）劳动者实际工作的年限在10年以下，在本用人单位工作的年限在5年以下的，其享有的医疗期为3个月；在本用人单位工作满5年以上的，其享有的医疗期为6个月。

（2）劳动者实际工作的年限在10年以上，在本用人单位工作的年限在5年以下的，其享有的医疗期为6个月；在本用人单位工作5年以上10年以下的，医疗期为9个月；在本用人单位工作10年以上15年以下的，医疗期为12个月；在本用人单位工作15年以上20年以下的，医疗期为18个月；在本用人单位工作20年以上的，医疗期为24个月。

（3）对患有某些特殊疾病的职工，如果在24个月的医疗期内尚不能经治疗得到痊愈的，应当由劳动鉴定委员会参照工伤与职业病致残程度鉴定标准进行劳动能力的鉴定。被鉴定为一至四级的，应当退出劳动岗位，解除劳动关系，并办理退休、退职手续，享受退休、退职待遇。

劳动者累计病休的医疗期计算周期应从劳动合同履行之日开始计算。例如，应享受3个月医疗期的职工，自劳动合同履行之日起6个月的周期内累计病休满3个月的，则视为医疗期满。如在此期间医疗期未满，则其下一个医疗期的计算周期应自6个月后的第1天开始计算。其他各档医疗期的计算依此类推。

劳动者连续病休医疗期的计算，应从病休开始之日起算。劳动者连续病休中因工作年限增加而产生规定的医疗期限增加情况的，其医疗期限按增加后的医疗期限计算。

职工病休期间，遇到公休、假日和法定节日，不能减除，而应计算在病休期间内。

本案中，陈某的实际工作年限为6年，属于10年以下并且在本用人单位工作年限在5年以上的范畴，根据上述法律规定，陈某可以享受6个月的医疗期，2次住院时间可以进行累计计算。

24. 女员工患病，在住院期间还有工资收入吗？

郭某2016年大学毕业后到北京某国有企业从事售后工作，双方签订了为期3年的劳动合同。该企业经济效益很好，员工工资水平较高，并且企业为所有员工按时足额缴纳了医疗保险费，因此，郭某对自己的工作一直比较满意。但天有不测风云，2018年3月初，郭某患病住院治疗了两个月。住院期间，公司以郭某未上班为由，停发了她的工资，让她申请医疗保险待遇。郭某认为享受相关的医疗待遇和公司为其发放工资是两码事。那么，郭某在生病治疗期间还有工资收入吗？

律师说法

本案主要涉及劳动者在患病期间是否享受工资待遇的法律问题。职工在医疗期内应该享受病假工资。

许多用人单位，尤其是规模不大的私营企业，为了尽可能地创造企业财富，往往会制定一系列的规章制度，采取一切刻薄措施对待劳动者。而在劳动者患病住院期间，这类企业往往也会采取装聋作哑、不闻不问的态度，更有甚者还会停发劳动者的工资，抑或找各种理由解除劳动合同。我国法律为充分保护处于弱势地位的劳动者在患病期间的合法权益，出台了相关的法律法规，严厉打击趁劳动者患病之机欺压、剥削劳动者的不法用人单位。

根据《劳动保险条例》第十三条及《劳动保险条例实施细则修正草案》第十六条、第十七条的规定，劳动者患病停止工作连续医疗期间在6个月以内者，应当由用人单位按下列标准支付病伤假期工资：在本企业工龄不满2年者，支付本人工资的60%；已满2年不满4年者，支付本人工资的70%；已满4年不满6年者，支付本人工资的80%；已满6年不满8年者，支付本人工资的90%；已满8年及8年以上者，支付本人工资的100%。

劳动者患病停止工作连续医疗期间超过6个月的，病伤假期工资停发，改由劳动保险基金项下，按月付给疾病或非因工负伤救济费，其标准如下：本企业工龄不满1年者，为本人工资的40%；已满1年未满3年者，为本人工资的50%；3年及3年以上者，为本人工资的60%。此项救济费付至能工作或劳动者被确定为残疾或死亡时止。

本案中，郭某工作已满2年，且她的实际医疗期为2个月，在6个月以内，符合法律的规定。根据上述规定，职工在医疗期内应该享受病假工资，郭某所在的单位应该按照她本人工资的70%每月按时向她支付工资，且不能低于当地最低工资标准。单位不发放工资的行为是不正确的。

25. 女员工出差患病，合同到期就要被解聘吗?

吴某是某商务公司公关部的职员，于2015年1月与公司签订了3年的劳动合同。2017年12月，吴某在出差的途中不幸染上疾病，到医院检查，医生嘱咐需要及时入院接受观察治疗，需要住院3个月。2018年1月，公司以劳动合同到期为由，决定终止与吴某的劳动合同，并停发了吴某的工资，也不再为她继续缴纳社会保险费。吴某还在住院，顿时没了生活来源，公司的做法对吗？

律师说法

本案主要涉及在医疗期内用人单位是否有权终止劳动合同的法律问题。吴某公司的做法是不合法的。

作为劳动者，不论是在求职时，还是在工作岗位上，面对强势的用人单位，都往往难以得到公平对待，常处于无助、弱势的地位。在崇尚人权的现代社会，我国法律充分尊重公平正义原则，为了更好地保护劳动者的合法权益不受侵犯，我国出台了一系列新的劳动法律、法规。

劳动者的医疗期，对于每一个用人单位而言都是比较头疼的时期，因为劳动者在患病或者负伤期间，往往不能继续工作，需要进行调养。而根据我国法律规定，用人单位必须给医疗期内的劳动者发放相应的工资，为此，用人单位便想出新的办法来“应对”处于医疗期内的劳动者——解除劳动合同或者终止劳动合同。但是这样的做法其实也是不合法的，将受到法律的制裁。

根据我国《劳动合同法》第四十二条、第四十五条的规定，劳动者在医疗期内，即使劳动合同期限届满，用人单位也不得终止劳动合同。劳动合同的期限应自动延续至医疗期满为止。

本案中，吴某因患病住院3个月，属于在医疗期内。根据上述规定，即使吴某与公司的劳动合同期限届满，公司也必须等吴某医疗期满后才能终止合同。因此，吴某公司的做法是不合法的，她可以要求公司继续发放其在医疗期内的工资。

26. 女员工想离职，公司不让走，她该怎么办？

刘某是某公司的销售员。公司给的待遇非常不好，经常要求员工加班，并且每次发工资时都会出现各种克扣工资的情况。这让刘某很烦恼，她决定辞职。刘某已经和单位签了为期3年的劳动合同，她向公司领导表达了辞职的想法，可领导说公司正处在用人之际，且距合同到期还有两年，所以不同意刘某离职的要求。那么刘某如何解除劳动合同才是合理合法的呢？

律师说法

本案主要涉及劳动者应当如何解除劳动合同的法律问题。刘某应当提前30日书面通知用人单位。

随着科技的发达、社会的进步，工作对于当代人的意义已经发生了转变。父辈们死守一份工作到老、到退休的观点被“70后”“80后”所不屑。在现今社会，换工作已经不是什么特立独行的事情。许多年轻人由于各种各样的原因，在没有完全稳定前往往工作换得很频繁，更有甚者半年一换、一年一换。换工作其实不是什么大事，但是劳动者和单位之间经常会发生一些纠纷，引发一系列法律问题。

为了充分保护处于弱势一方的劳动者的利益，我国的劳动合同法及劳动法都有相关的保护措施，尤其是在劳动合同解除方面。

根据我国《劳动合同法》第三十六条、第三十七条的规定，用人单位与劳动者协商一致，可以解除劳动合同。劳动者解除劳动合同，应当提前30日书面通知用人单位。这既是解除劳动合同的程序，也是解除劳动合同的条件。劳动者提前30日书面通知用人单位解除劳动合同，无须征得用人单位的同意。30日后，劳动者向用人单位提出办理解除劳动合同手续时，用人单位应予以办理。在试用期内劳动者提前3日通知用人单位，就可以解除劳动合同。

本案中，刘某应当提前30日以书面的形式通知单位自己将要解除劳动合同的法律事实，根本不需要征得单位同意。在30日后，刘某就可以直接向单位提出办理解除劳动合同手续的要求，单位应当予以办理。

27. 女员工被强迫加班，可以离职吗？

郑某在某培训中心从事市场研发工作，属于文职岗位，照理说根本不需要“抛头露面”，但公司为了多赚钱，长期强迫郑某及其他员工外出进行推广，他们除完成本职工作外，还要每天加班加点地在外派发培训中心的宣传广告单。这让郑某很不舒服，也很生气。这种日子一过就是好几个月，许多同事因为这样高强度的工作而累病了。郑某的身体也十分虚弱，她快扛不下去了，病怏怏的她向人事主管反映要求调休，被人事主管严词拒绝，并且以不服公司管理为由扣了郑某当月的工资。郑某觉得公司太黑，就知道压迫剥削员工，自己是在拿生命赚钱，十分不值得，她不想干了，想马上离开这个公司。郑某可以随时解除劳动合同吗？

律师说法

本案主要涉及在何种情况下劳动者可以随时解除劳动合同的法律问题。郑某可以随时解除劳动合同。

为了保障所有劳动者的合法权益，让他们可以更好地为社会贡献力量，我国《劳动合同法》在劳动合同解除方面有许多人性化、高效率的规定。根据我国《劳动合同法》第三十八条的规定，在下列情况下，劳动者可以立即解除劳动合同，不需事先告知用人单位：（1）用人单位以暴力、威胁或者非法限制人身自由的手段强迫劳动者劳动的；（2）用人单位违章指挥、强令冒险作业危及劳动者人身安全的。而用人单位有下列情形之一的，劳动者可以解除劳动合同：（1）未按照劳动合同约定提供劳动保护或者劳动条件的；（2）未及时足额支付劳动报酬的；（3）未依法为劳动者缴纳社会保险费的；（4）用人单位的规章制度违反法律、法规的规定，损害劳动者权益的；（5）因《劳动合同法》第二十六条第一款规定的情形致使劳动合同无效的；（6）法律、行政法规规定劳动者可以解除劳动合同的其他情形。

本案中，郑某的单位不仅没有保障员工的休息权，还以克扣工资这种无赖的手段来逼迫生病的郑某继续加班，严重违背了我国法律的精神。郑某可以立即与公司解除劳动合同，而无须事先告知公司，公司也必须给郑某及时结算、发放工资。

28. 女员工准备跳槽，公司拒绝办理离职手续，她该怎么办？

郭某在某商贸公司从事行政工作，但自从公司换了老板之后，她越来越觉得这家公司各个方面都在往不好的方向发展，于是准备跳槽到另一家福利待遇更好的单位去上班。在办理离职手续的时候，该公司的人事主管却拒绝将郭某的档案还给她，并且不予办理离职手续。郭某经多次索要都没有结果。上周，郭某又去商贸公司索要自己的档案，这次人事主管明确地告诉她："想都别想，敢跳槽，这就是对你的惩罚。"郭某听到后十分无助，如果没有档案和离职手续，新公司根本没法接收她。公司不予办理离职手续，是否合法？

律师说法

本案主要涉及在劳动者辞职的情况下用人单位是否有权扣留其人事档案的法律问题。该商贸公司无权扣留郭某的人事档案。

人事档案是我国人事管理制度的一项重要特色，是个人身份、学历、资历等方面的证据，与个人工资待遇、社会劳动保障、组织关系紧密挂钩，具有法律效用，是记载人生轨迹的重要依据。

在现实生活中，企业经常会以员工在离开公司时不补交培训费、不退住房、未交纳违约金等各种借口扣留员工的档案，并且也不给办理有关手续，以为这样就可以制约员工，降低人员的流动量。殊不知企业采取的扣留档案不让员工离职的做法并不合法，将会受到法律的严惩。

按照我国《劳动合同法》第五十条的规定，用人单位应当在解除或者终止劳动合同时出具解除或者终止劳动合同的证明，并在 15 日内为劳动者办理档案和社会保险关系转移手续。劳动者辞职，必须提前 30 天递交辞职报告，这是劳动者履行解除劳动合同的法定义务。提交辞职报告后，劳动合同在 30 天后自行解除，用人单位应当为劳动者办理解除劳动合同的手续，不应扣留劳动者的档案，也不应以扣留档案的做法迫使劳动者缴纳违约金。

如果员工有违规违约行为而拒绝承担违约责任或赔偿企业的损失，用人单位应当通过申请劳动争议仲裁或者提起诉讼等法律手段来维护自己的合法权益，而不应该采取扣留个人档案的违法手段。

本案中，商贸公司无权扣留郭某的人事档案和拒绝为其办理离职手续。若商贸公司认为郭某有违约行为，可以通过申请劳动仲裁等方式来维护自己的合法权益，扣留档案和不予办理离职手续并非明智之举，也是违法的。

29. 公司效益不好，可以裁掉怀孕女职工吗？

某实业公司因为经营不善，现已进入破产重整阶段。在此情况下，公司经理决定裁员一百人以适应这一特殊时期，被裁人员就包括已经怀孕5个月的吴某。吴某得知自己将被裁员的消息后十分伤心，觉得公司无权将自己裁掉，决定向单位讨个说法。那么，该实业公司可以进行经济性裁员吗？可以裁掉怀孕的吴某吗？

律师说法

本案主要涉及用人单位在哪些情形下可以进行经济性裁员及在经济性裁员时对于劳动者有哪些特殊保护的法律问题。本案中，该实业公司可以进行经济性裁员，但是不可以裁掉吴某。

所谓裁员，是指用人单位一次性辞退部分劳动者，作为改善生产经营状况的一种手段。用人单位为了保护自己在市场经济中的竞争力和生存能力，渡过暂时的难关，可以进行经济性裁员。

依据《劳动合同法》第四十一条、第四十二条的规定，有下列情形之一，用人单位需要裁减人员的，在办理相关手续后可以裁员：（1）依照企业破产法规定进行重整的；（2）生产经营发生严重困难的；（3）企业转产、重大技术革新或者经营方式调整，经变更劳动合同后，仍需裁减人员的；（4）其他因劳动合同订立时所依据的客观经济情况发生重大变化，致使劳动合同无法履行的。

一般性经济困难，如财务指标一般性恶化、产业结构不合理，不能作为企业进行经济性裁员的根据。企业要想合法裁员，只能与职工协商解除合同，没有单方面解除合同的权利。

用人单位裁员时，不能裁减的人员有：（1）从事接触职业病危害作业的劳动者未进行离岗前职业健康检查，或者疑似职业病病人在诊断或者医学观察期间的；（2）在本单位患职业病或者因工负伤并被确认丧失或者部分丧失劳动能力的；（3）患病或者非因工负伤，在规定的医疗期内的；（4）女职工在孕期、产期、哺乳期的；（5）在本单位连续工作满 15 年，且距法定退休年龄不足 5 年的；（6）法律、行政法规规定的其他情形。

用人单位在裁员时，应当优先留用下列人员：（1）与本单位订立较长期限的固定期限劳动合同的；（2）与本单位订立无固定期限劳动合同的；（3）家庭无其他就业人员，有需要扶养的老人或者未成年人的。

用人单位依照规定裁减人员，在6个月内重新招用人员的，应当通知被裁减的人员，并在同等条件下优先招用被裁减的人员。

本案中，该实业公司的情况属于《劳动合同法》第四十一条规定的情形，可以进行经济性裁员。但是由于吴某是孕妇，公司在裁员时不得与她解除劳动合同。吴某现在可以与单位协商调解，调解未果则可以申请劳动仲裁来维护自己的合法权益。

热线咨询

1. 女毕业生的第一份工作，如何签订劳动合同？

实践中，不同的用人单位有着不同的性质，同一个单位内部也有着不同的部门，同一个部门还有着不同的工作岗位。因此，用人单位和劳动者签订的劳动合同不可能是千篇一律的。劳动者在签订劳动合同时应该重视起来，谨慎认真地对待这一份专属于自己的合同。

就劳动合同的内容来说，根据《劳动合同法》第十七条的规定，劳动合同应当具备以下条款：（1）用人单位的名称、住所和法定代表人或者主要负责人；（2）劳动者的姓名、住址和居民身份证或者其他有效身份证件号码；（3）劳动合同期限；（4）工作内容和工作地点；（5）工作时间和休息休假；（6）劳动报酬；（7）社会保险；（8）劳动保护、劳动条件和职业危害防护；（9）法律、法规规定应当纳入劳动合同的其他事项。

以上条款为劳动合同的必备条款，如果劳动者发现用人单位提供的劳动合同中没有以上某一项内容，或者某一项内容约定不明确的，应该及时向用人单位提出，以免在今后的工作中发生不必要的冲突。

同时，《劳动合同法》第十七条还规定，用人单位与劳动者可以约定试用期、培训、保守秘密、补充保险和福利待遇等其他事项。这些事项不是劳动合同中的必要内容，但是一旦在合同中出现了相关约定，用人单位和劳动者都必须遵守。

2. 女员工入职，公司要求扣押其身份证，这是合法的吗？

实践中，很多用人单位为了防止员工在工作当中犯错误，给本单位造成巨大损失，或者为了防止员工快速离职，往往会扣押员工的证件或让员工缴纳一定数额的抵押金，等员工离开本单位时再返还给他。此种做法虽然维护了用人单位自己的利益，却将风险转嫁到了劳动者身上，是不合法的。

针对上述情况，我国《劳动合同法》明文规定：用人单位招用劳动者，不得扣押劳动者的居民身份证和其他证件，不得要求劳动者提供担保或者以其他名义向劳动者收取财物。

同时，《劳动合同法》还针对上述情况制定了惩罚的措施："用人单位违反本法规定，扣押劳动者居民身份证等证件的，由劳动行政部门责令限期退还劳动者本人，并依照有关法律规定给予处罚。用人单位违反本法规定，以担保或者其他名义向劳动者收取财物的，由劳动行政部门责令限期退还劳动者本人，并以每人五百元以上二千元以下的标准处以罚款；给劳动者造成损害的，应当承担赔偿责任。"

3. 什么是最低工资?

最低工资标准是为了保障劳动者最基本的福利而设立的一项制度，指的是劳动者在法定工作时间或劳动合同约定的工作时间内提供了正常劳动的前提下，用人单位依法应支付的最低劳动报酬。要注意，这里所指的正常劳动，是指劳动者按劳动合同约定在法定工作时间或约定工作时间内从事的劳动。劳动者在依法享受带薪年休假、探亲假、婚丧假、生育（产）假、节育手术假等国家规定的假期间，以及法定工作时间内依法参加社会活动期间，都视为提供了正常劳动。

4. 公司不想发工资，可以用实物代替吗?

工资是劳动者赖以生存的保障，是以货币形式直接支付给劳动者的劳动报酬，其范围很广，一般包括计时工资、计件工资、奖金、津贴和补贴、延长工作时间的工资报酬以及特殊情况下支付的工资等。我们经常看到这样一种现象：很多企业由于仓库存货滞销，就将这些存货作为工资发放给职工。这些企业的职工为了生计，只好走街串巷推销企业产品。在这种情况下，企业的做法实际是以实物支付工资，这是法律明文禁止的。因此，任何劳动者都可以拒绝接受企业以产品代发工资的做法，并要求企业按时以货币形式支付其工资。

5. 公司资金吃紧，可以按季度发工资吗？

现今的用工制度越来越多样化，工资结算方式也越来越灵活，因此，工资按照周薪、日薪甚至是小时薪的方式结算都属于常见的情况，用人单位根据自己的需要灵活地和劳动者约定工资结算方式是件好事，但是法律对工资结算时间也是有限制的。如果用人单位肆意将工资结算的周期拉长，要求按季度甚至按年来支付工资，劳动者的生存权将无法得到保障，所以这是不可以的。

对于劳动者而言，工资结算、发放的周期延长，劳动者的日常生活将缺乏保障。而且用人单位将工资结算的周期肆意拉长的行为，也变相地将经营风险转嫁到了劳动者头上，这对于劳动者来说是不公平的。针对这种情况，我国《劳动法》第五十条作了相关的规定："工资应当以货币形式按月支付给劳动者本人。不得克扣或者无故拖欠劳动者的工资。"根据通常法律实践中的理解来说，工资如果超过了一个月才结算，将视为拖欠劳动者的工资。

6. 劳动争议调解委员会的职责是什么？

根据我国《劳动争议调解仲裁法》第十条的规定，当出现劳动纠纷时，可以请劳动争议调解委员会调解。劳动争议调解委员会有三类：（1）企业劳动争议调解委员会；（2）依法设立的基层人民调解组织；（3）在乡镇、街道设立的具有劳动争议调解职能的组织。

企业劳动争议调解委员会，是在职工代表大会领导下，负责调解本企业内劳动争议，协调劳动关系的群众性组织。调解委员会由职工代表、企业行政代表和企业工会代表组成。职工代表由职工代表大会选举产生，行政代表由企业方指定，工会代表由企业工会指定。企业劳动争议调解委员会的办事机构一般设在企业工会。

根据《工会参与劳动争议处理试行办法》第二条的规定，调解委员会依法调解企业与职工之间发生的下列劳动争议：（1）因用人单位开除、除名、辞退职工和职工辞职、自动离职发生的争议；（2）因履行、变更、解除劳动合同发生的争议；（3）因签订或履行集体合同发生的争议；（4）因执行国家有关工作时间和休息休假、工资、劳动安全卫生、女职工和未成年工特殊保护、职业培训、社会保险和福利的规定发生的争议；（5）法律、法规规定的其他劳动争议。

调解委员会的调解并不是解决劳动纠纷的必经程序，劳动者也可以不经调解委员会的调解，直接举报或提起劳动仲裁。

7. 微信等聊天内容是否可以作为证据？

据我国法律规定，证据包括：（1）当事人的陈述；（2）书证；（3）物证；（4）视听资料；（5）电子数据；（6）证人证言；（7）鉴定意见；（8）勘验笔录。其中，电子数据是指通过电子邮件、电子数据交换、网上聊天记录、博客、微博客、手机短信、电子签名、域名等形成或者存储在电子介质中的信息。存储在电子介质中的录音资料和影像资料，适用电子数据的规定。据此可知，微信等通信工具的聊天记录可以作为证据使用。

8. 女职工遭遇“末位淘汰”被解除劳动合同，是否合法?

所谓“末位淘汰”，是指用人单位根据其企业战略和具体目标，设定一定的考核指标体系，以此指标体系为标准对员工进行考核，根据考核的结果对得分靠后的员工进行淘汰的绩效管理制度，可以有效地激发员工工作的积极性。

根据我国《劳动合同法》的规定，劳动者有以下三种情形之一的，用人单位可以解除劳动合同，但应当提前30日以书面形式通知劳动者本人：（1）劳动者患病或非因工负伤，在规定的医疗期满后，不能从事原工作也不能从事由用人单位另行安排的工作的；（2）劳动者不能胜任工作，经过培训或调整工作岗位，仍不能胜任工作的；（3）劳动合同订立时所依据的客观情况发生重大变化，致使原劳动合同无法履行，经与当事人协商不能就变更劳动合同达成协议的。

“末位淘汰”实际上是用人单位在合同期满之前单方面解除劳动合同的现象。这种制度是否合法，要看淘汰员工的理由是什么。如果被淘汰的劳动者确实不能胜任工作，而且经过培训或者调整工作岗位后仍不能胜任工作，则用人单位解除劳动合同符合《劳动合同法》的规定。但是如果被淘汰的劳动者虽然比起其他员工来说工作效率较低、能力较差，但是并未达到不能胜任工作的程度，则用人单位就不能与之解除合同。因此，用人单位以“末位淘汰”为由，单方与劳动者解除劳动合同的行为是没有法律根据的。

在现实劳动关系中，单位绩效考核中排名倒数的劳动者，并不一定是不能胜任工作的，即使不胜任工作，用人单位也应当根据法律规定为其提供培训或调整工作岗位。如果劳动者仍不能胜任工作的，单位才可以单方解除劳动合同，并须支付经济补偿金。否则，企业就要承担违法解除劳动合同的法律风险。

9. 什么是劳务派遣?

劳务派遣，是指劳务派遣单位与被派遣劳动者订立劳动合同后，将该劳动者派遣到用工单位从事劳动的一种特殊用工形式。

在这种特殊用工形式下，劳务派遣单位与被派遣劳动者建立劳动关系，但不直接管理和指挥劳动者从事劳动；用工单位直接管理和指挥劳动者从事劳动，但是与劳动者之间不建立劳动关系。实际用工单位与劳务派遣单位签订劳务派遣协议，劳务派遣单位与劳动者签订劳动合同。

根据《劳动合同法》第五十八条、第六十条的规定，劳务派遣单位对劳动者有以下义务：（1）劳务派遣单位应当与被派遣劳动者订立 2 年以上的固定期限劳动合同，按月支付劳动报酬；（2）被派遣劳动者在无工作期间，劳务派遣单位应当按照所在地人民政府规定的最低工资标准，向其按月支付报酬；（3）劳务派遣单位应当将劳务派遣协议的内容告知被派遣劳动者；（4）劳务派遣单位不得克扣用工单位按照劳务派遣协议支付给被派遣劳动者的劳动报酬。

根据《劳动合同法》第六十二条的规定，用工单位对劳动者有以下义务：（1）执行国家劳动标准，提供相应的劳动条件和劳动保护；（2）告知被派遣劳动者的工作要求和劳动报酬；（3）支付加班费、绩效奖金，提供与工作岗位相关的福利待遇；（4）对在岗被派遣劳动者进行工作岗位所必需的培训；（5）连续用工的，实行正常的工资调整机制；（6）用工单位不得将被派遣劳动者再派遣到其他用人单位。

10. 女职工和单位有劳动争议，可以直接去法院起诉吗？

依据我国法律规定，劳动争议实行的是劳动仲裁前置程序，即劳动争议必须先经过仲裁部门仲裁，对裁决不服的，才能向人民法院提起诉讼，否则人民法院不予受理。

温馨贴士

一般来说，劳动者与用人单位签订劳动合同时需要注意以下事项。

（一）普通员工签订劳动合同注意事项

1. 劳动合同签订的时间

双方自用工之日起一个月内订立书面劳动合同即可，否则用人单位将必须向劳动者支付双倍工资。用人单位自用工之日起超过一年未与劳动者签订书面劳动合同的，视为双方已经形成无固定期限的劳动合同。

2. 劳动合同的期限

劳动合同的期限有三种：首先是固定期限，如一年期限、三年期限等均属于这一种；其次是无固定期限，即并没有具体约定合同期限，只约定终止合同的条件，如果不出现特殊情况，这种期限的合同应存续到劳动者到达退休年龄为止；最后是以完成一定的工作为期限，如公司与某一位劳动者约定某项目完成时双方的劳动合同终止，这种合同期限就属于以完成一定工作为期限。现实生活中，劳动者和用人单位在协商选择合同期限时，应根据双方的实际情况和需要来约定。

3. 非全日制用工特别注意事项

（1）非全日制用工在同一用人单位一般平均每日工作时间不超过4小时，每周工作时间累计不超过24小时。

（2）非全日制用工禁止约定试用期。

（3）非全日制用工小时计酬标准不得低于最低小时工工资标准。

（4）非全日制用工劳动报酬结算支付周期最长不得超过15日。

（5）用人单位必须为劳动者缴纳工伤保险，否则劳动者发生工伤事故，用人单位要承担相关责任。

（二）高级管理员工签订劳动合同注意事项

1. 招聘和解聘

由于高级管理员工的招聘和解聘不同于普通员工，他们主要是由我国的《公司法》等法律进行专门规定的，如依照《公司法》的要求，未经用人单位董事会的决议，用人单位是无权直接聘任或者解聘高级管理员工的。由此可知，在签订劳动合同之时，必须对此约定明确，从而和普通员工的劳动合同区别开。

2. 加班费

对于高级管理员工来说，其工作的性质是与普通员工不同的，在现实操作中，经常会出现公司的高级管理员工辞职之后向公司索要加班费的问题，从司法实践来看，高级管理员工的加班费一般得不到支持。由此可知，高级管理员工在签订劳动合同时就应当注意解决这个问题。

3. 保密

由于高级管理员工通常会接触到公司的商业秘密，所以为了防止高级管理员工对外泄密损害用人单位的利益，就需要在劳动合同中增加保密条款，劳动合同中的保密条款一般只进行原则性的规定，建议最好能单独具体签订相应的保密协议，并且对违反保密条款时应当承担的责任作出具体的约定。

4. 竞业限制

竞业限制指的是用人单位对劳动者在用工时或者终止、解除劳动合同后的一定期限内不得经营同类业务或者在与本单位有竞争关系的其他用人单位任职，也不得自己生产与原单位有竞争关系的同类产品或者经营同类业务。为了更好地保护用人单位的利益，在与高级管理员工签订的劳动合同中应当根据实际情况增加竞业限制条款。

第四章

消费保护

案例直击

1. 在超市买到有问题的“减肥茶”，该找谁索赔?

刘女士今年35岁，生过两个小孩的她，身体很好，每年体检时都被医院的大夫夸奖。所以刘女士一直在饮食方面没忌口，尤其爱吃各种熟食。但随着年龄的增长，刘女士也开始注意自己的体重问题了，虽然体检指标正常，但她还想让自己更加苗条一些。她听说某超市正在热销一款女性减肥茶，喝了这款茶后可以随便吃饭，不闹肚子，还能减肥。这让刘女士很是心动，于是去超市买了一盒减肥茶。可刚喝过一天，刘女士就开始腹泻，最终出现食物中毒现象。刘女士的家人事后找到某超市理论，超市却称产品并没有过保质期，自己无责任，刘女士应该找减肥产品的生产厂家索赔。那么，刘女士到底该找谁索赔?

律师说法

依据我国《消费者权益保护法》的规定，消费者或者其他受害人因商品缺陷造成人身、财产损害的，可以向销售者要求赔偿，也可以向生产者要求赔偿。属于生产者责任的，销售者赔偿后，有权向生产者追偿；属于销售者责任的，生产者赔偿后，有权向销售者追偿。

因此，在本案中，刘女士既可以要求食品销售者即超市赔偿，也可以要求食品生产者赔偿，选择权在消费者手里。

2. 食品包装上必须标明哪些信息？

某知名婚介网站最近组织了一次“闺蜜游”相亲活动，主要是通过旅游的方式安排 VIP 级别的客户进行相亲。王某是某公司的女白领，平时工作繁忙的她非常想解决自己的终身大事，便报名参加了这次“闺蜜游”。在相亲活动之余，“闺蜜游”活动方安排的酒店向王某等 VIP 客户赠送了印有酒店名称的食品，但细心的王某却发现，这些食品上只有酒店的相关信息，并没有任何食品安全方面的标识，在这种情况下，她想知道，安全的食品应该如何标示？

律师说法

酒店已经成为现代人出行必不可少的休息场所，为了保证旅客的身体健康，酒店提供的免费食物的安全问题应当受到重视，但现实中，很多酒店虽然都提供免费的食物，但相关产品上除了酒店的名字，没有其他任何标识。这种做法是违反我国《食品安全法》关于食品外包装的要求的，因此，酒店提供的即使是免费食物，也必须符合《食品安全法》的规定。

食品或者其包装上应当附加标识，但是按法律、行政法规规定可以不附加标识的食品除外。食品标识必须标明以下内容：

（1）食品名称。

（2）食品的产地。

（3）生产者的名称、地址和联系方式。生产者名称和地址应当是依法登记注册、能够承担产品质量责任的生产者的名称、地址。

（4）食品的生产日期和保质期，并按照有关规定要求标注贮存条件。

（5）定量包装食品标识应当标注净含量，并按照有关规定要求标注规格。对含有固、液两相物质的食品，除标示净含量外，还应当标示沥干物（固形物）的含量。

（6）食品的成分或者配料清单。

（7）企业所执行的国家标准、行业标准、地方标准号或者经备案的企业标准号。

（8）食品执行的标准明确要求标注食品的质量等级、加工工艺的，应当相应地予以标明。

（9）实施生产许可证管理的食品，食品标识应当标注食品生产许可证编号及 QS 标志。

（10）混装非食用产品易造成误食，使用不当，容易造成人身伤害的，应当在其标识上标注警示标志或者中文警示说明。

3. 买木瓜时超市不让挑拣，这侵犯消费者权益吗？

叶某是某旅行社的女导游，她非常重视自己皮肤的保养，尤其对木瓜美容深信不疑。在某个休息日，她见某超市的海报宣传有木瓜的促销活动，比平时要便宜很多，于是她决定多买些木瓜回来。当她来到超市时，发现有很多和她一样的女顾客在排队购买特价木瓜。经过半个多小时的耐心等待，终于轮到她进行选购，却被告知，这些木瓜是促销产品，不允许挑选，只能挨个拿。那么消费者是否有挑选食品的权利？超市的做法是否侵权？

律师说法

消费者在购买食品之时，有自主选择食品的权利，亦有对自己选购的某食品经行比较、鉴别、挑选的权利。本案中叶某在购买某超市的促销食品时，有权依据《消费者权益保护法》的规定，对促销食品进行挑选，而超市以促销为由拒绝让消费者进行挑选，是违反该法律规定的。

4. 特价塑形产品被标注“一经出售，概不退换”是否合法？

某品牌内衣店正在搞内衣促销活动，所有的内衣都以平日价格的5折对外销售。居民王某购买了一款塑形美体内衣，回家试穿时，发现这款内衣有被水泡过的痕迹，便怀疑这批产品之所以搞特价促销，是因为被前几天的特大暴雨冲了，否则不可能有泡过的痕迹，且外包装上的印刷字迹模糊不清，于是她拎着刚购买的美体塑形内衣找到内衣店，提出了退货的要求。可内衣店负责人给出的答复是："本店明确规定，特价商品一经售出，概不退换。"那么内衣店的这一规定是否合法？

律师说法

现实生活中，经营者在和消费者交易的过程中往往会扩大自己的权利，限制消费者的权利，从而减轻原本属于自己的经营义务。实践中，经营者常通过格式条款、通知、声明、店堂告示等方式，对提供的服务或者食品在数量、质量、价款、费用、履行期限、售后服务等方面作出对消费者不公平的规定。本案中，内衣店对外出售的内衣明显有经水泡过的痕迹，属于严重的质量问题，消费者完全可以依据《消费者权益保护法》的规定选择退货，而内衣店以"特价商品一经售出，概不退换"为由拒绝退货，就是在售后服务方面加重了消费者的责任，对消费者作出了不公平的规定，因此，是不合法的。

5. 网购的情人节礼物被别人冒领，谁来赔偿？

赵某和马某在一起已经一年多了，情人节前几天，赵某通过网购为马某订购了某知名品牌的一款钻石项链。就在马某期盼情人节礼物赶快到手的时候，她通过查询快递物流信息得知这份具有纪念意义的情人节礼物被人签收了。事后通过快递公司调查得知，这份快递包裹被别人冒领了。关于赔偿的问题，赵某、快递公司、网店三方陷入扯皮中，后两者谁都不愿意承担责任。那么，网络购物出现丢件的损失，该由谁来承担责任呢？

律师说法

消费者赵某网购的货物在交付过程中被别人冒领，赵某主张销售者网店与快递公司共同承担赔偿责任的，根据合同相对性原则，应由销售者网店承担违约责任。销售者网店承担责任后，可依运输合同主张快递公司承担违约责任。

6. 寄存在超市存储柜的名牌包包丢失，该怎么办？

李某在一家公司上班，某天晚上，二哥来到她家里，要借5万元现金，因家里的钱都存在银行，王某对二哥说，第二天晚上她上夜班，白天抽时间到银行将钱取出来送到二哥家里去。

第二天吃完早饭后，李某到银行取了5万块钱放进名牌挎包里。银行旁边是家超市，由于母亲和二哥住在一起，李某就准备进去买些东西带给母亲。当她背着挎包进超市时，一个超市员工拦住她说：“这位女士，我们超市有规定，不允许顾客背挎包进超市购物，旁边有我们为顾客准备的免费寄存柜，请将您的挎包寄存吧。”

李某将挎包寄存后就去超市购物了，结账出来后却发现自己寄存在超市寄存柜里的名牌包包及5万元现金丢失。李某与超市就此事沟通无果，现在她想知道，该如何解决此事？

律师说法

经营者应当保证其提供的商品或者服务符合保障人身、财产安全的要求。本案中超市提供的寄存柜虽然是无偿的，但它是为实现营利目的向消费者提供服务的一部分，是为其商品销售提供的一种配套服务，超市应当保障顾客接受服务时的安全。但是，这种安全保障义务不是无限大的，如果本案中的超市对其向顾客提供的免费寄存服务尽到了一定的提醒和说明、注意及谨慎管理等义务，顾客置之不理的，其就不存在故意或过失责任，丢失责任应由顾客自己承担。此外，寄存人寄存货币、有价证券或者其他贵重物品的，应当向保管人声明，由保管人验收或者封存。寄存人未声明的，该物品损毁后，保管人可以按照一般物品予以赔偿。如果本案中李某未向超市声明，就难以向超市主张5万元的损失。寄存时正确的做法是，李某应先看超市是否有保管重要物品的提示，并且同时向超市相关人员明示自己寄存的是重要物品，并由超市相关人员进行查验或者封存，如果李某完成上述步骤，一旦出现丢失财物的后果，超市就需要承担责任。

7. 用信用卡积分免费兑换的情侣手表出现故障，该怎么办？

杨某是个购物达人，经常刷信用卡购物，所以她是某银行的优质信用卡客户，信用卡积分非常高。在一次信用卡 APP 端积分兑换活动中，杨某使用 5 万信用卡积分换取了一对情侣手表，她跟男友一人一支。但杨某佩戴的这支手表经常无故停止运行。这让杨某大为恼火，才兑换没一个月，就出现如此质量问题。更让杨某生气的是，在她和银行客服沟通的过程中，客服竟然告诉她，由于这对情侣表是积分免费兑换的，银行对其不承担任何责任。那么，银行客服的说法正确吗？

律师说法

首先，本案中杨某利用信用卡积分进行兑换，并非免费，这是银行对用户使用信用卡提供的一种服务。其次，根据我国法律规定，经营者提供的商品或者服务不符合质量要求的，消费者可以依照国家规定、当事人约定退货，或者要求经营者履行更换、修理等义务。没有国家规定和当事人约定的，消费者可以自收到商品之日起 7 日内退货；7 日后符合法定解除合同条件的，消费者可以及时退货，不符合法定解除合同条件的，可以要求经营者履行更换、修理等义务。依照上述规定进行退货、更换、修理的，经营者应当承担运输等必要费用。因此，本案中的银行应当为李某提供关于手表的维修或者更换甚至退货服务。

8. 海外代购减肥药，合法吗？

陈某是某公司的前台，原本身材很好的她，生孩子后，体重一直减不下去，这让陈某很是苦恼，没少在减肥的事上耗费精力。后来，陈某得知朋友的同学王某以代购的方式，正在销售一款由某国生产的减肥药，据说效果很好，只要吃上一个疗程就有明显的减肥效果。陈某将此事告诉老公张某后，张某认为此事有风险，他们两口子想知道，海外代购减肥药是否合法？

律师说法

根据我国法律规定，药品进口，须经国务院药品监督管理部门组织审查，经审查确认符合质量标准、安全有效的，方可批准进口，并发给进口药品注册证书。有下列情形之一的药品，按假药论处：（1）国务院药品监督管理部门规定禁止使用的；（2）依法必须批准而未经批准生产、进口，或者依法必须检验而未经检验即销售的；（3）变质的；（4）被污染的；（5）使用依法必须取得批准文号而未取得批准文号的原料药生产的；（6）所标明的适应症或者功能主治超出规定范围的。

因此，私自从海外代购药品的行为属于严重违法行为，可能涉嫌销售假药罪。

9. 未交纳物业费就不让收房，这合法吗？

杨某和王某属于两小无猜、青梅竹马的感情。二人大学毕业后留在某城市共同奋斗。一年后，二人决定登记结婚，并在两家父母的资助下购买了某开发商销售的一套三居室的期房。但就在合同约定的交房期限内，开发商向购房业主发出公告：凡未交物业费的业主，将不能收房。而杨某等业主则认为，房子还没收，不知道质量是否有问题就让交物业费，开发商此举有些过分。那么，开发商的做法合法吗？

律师说法

这里应该说清楚的是，开发商按期交付房屋和购房者交纳物业服务费是两个不同的法律关系，开发商不能把业主交纳物业费作为交付房屋的前提条件。当然，如果开发商按期交付房屋后，业主拒绝交纳物业费，物业管理公司完全可以通过协商或者向人民法院起诉的方式向业主追讨物业费。如果开发商事先以公告的方式通知，不交纳物业费就不交付房屋，这种做法排除了消费者依法收房的权利，对消费者是不公平的。

由此可知，本案中开发商让业主先交纳物业费再收房的做法是不合理且违法的。

10. 吃卤味患病，谁来赔偿?

叶某一家人很喜欢吃卤制品，一天叶某的母亲下班回来，路过一家新开的辣味卤制品熟食店，于是购买了鸭脖、鸭腿、鸭翅、卤味凉菜若干，带回家中与家人分享。回到家里，正在看报纸的叶某奶奶跟叶某的母亲说道：“你看，报纸上说最近有记者去一些卤制品店暗访，将其中的卤制品拿去化验，说里面大肠杆菌超标，咱们还是别吃了吧。”叶某的母亲却说：“常言说得好，不干不净吃了没病，放心吃吧，咱们家都吃了这么长时间了，肯定没事。”于是全家人大快朵颐，很快吃完了这些卤制品。可就在第二天早上，叶某的奶奶出现上吐下泻的症状，于是全家人赶紧将奶奶送往医院，经过医生的检查，奶奶属于食物中毒。为此叶某专门找到那家卤制品熟食店理论和索赔，但该店店主却说，吃辣的本来就容易拉肚子，所以拒绝赔偿。店主的说法对吗?

律师说法

食源性疾病指的是通过摄食而进入人体的有毒有害物质（包括生物性病原体）等治病因子所造成的疾病，一般可以分为感染性疾病和中毒性疾病，包括常见的食物中毒、肠道感染传染病以及人畜共患的传染病、寄生虫病和化学性的有毒有害物质所引起的疾病。本案中，叶某奶奶吃了卤制品熟食店出售的食品，导致食物中毒，属于食源性疾病，因此，她当然享有索赔的权利，卤制品熟食店理应对其进行赔偿。

11. 消费者该如何防范欺诈？

每逢中秋时节，某原产地的大闸蟹就成为馈赠亲友的必备礼品。李某的丈母娘就爱这口儿，所以每到大闸蟹上市的季节，李某都会购买几盒孝敬丈母娘。前不久，李某看到某购物网站推出了某地大闸蟹团购活动，价格要比在实体店购买便宜近三分之一，很划算。李某从网上下完单后，就去团购活动指定地点取货，取完货就给丈母娘送了去。而丈母娘在吃完大闸蟹以后，就因腹泻住进了医院。事后，李某发现，有很多网友跟他的丈母娘一样，吃了团购的大闸蟹后闹肚子。原来，李某他们买到了某地大闸蟹的仿品，包装的样子虽然很相似，但的确同正宗的某地大闸蟹的包装有区别。那么，消费者该如何防范欺诈呢？

律师说法

如今人们的生活水平提高了，摆在人们面前的食品种类也越来越多，但是在种类繁多的美味中间，掺杂了一些滥竽充数的冒牌货。这就需要我们消费者擦亮眼睛，对自己不熟悉的食品，在购买前要多加了解，学会辨别真伪，防止被不法经营者欺诈。我国的《消费者权益保护法》也鼓励消费者增强这方面的知识，其中规定，消费者享有获得有关消费和消费者权益保护方面的知识的权利。消费者应当努力掌握所需商品或者服务的知识和使用技能，正确使用商品，提高自我保护意识。

12. 饭店是否应该明码标价?

某小区附近新开了一家饭馆，招牌上写着“江湖饭店”，服务员都打扮成古代店小二的样子，很有特色，一时间来此饭店吃饭的顾客络绎不绝，可时间一长，很多食客对此饭店的经营很有意见。原来该饭店的点菜方式是“看人下菜碟”，与以往顾客拿着菜单点菜不同的是，该饭店的服务员会根据顾客不同的特点，主动给顾客点菜，并且在顾客不知道菜价的情况下，菜就已经上桌了，而顾客只有在吃完饭结账的时候才知道饭菜价格。一位女白领用餐后，对该饭店的菜价不公示提出了质疑，那么，该饭店对所出售食物不进行明码标价的行为是否合法?

律师说法

食品经营者对外出售食品，对食品进行明码标价是一项基本的义务，有利于保障消费者选购商品，做到公平、透明地交易。我国《消费者权益保护法》规定，食品的经营者在提供食品或者服务时，必须做到明码标价。

13. 烤鸭店换了经营者，不公示是否合法？

某品牌的烤鸭远近闻名，女会计陈某很喜欢吃，所以她经常下班后，在暂住地附近的一家该品牌连锁烤鸭店吃烤鸭。后由于工作变动，陈某不得不搬到该市另外一个区居住。陈某为了能继续吃到该品牌烤鸭，特意在该区有这家连锁烤鸭店的附近找房租住下来。一天，陈某来到这家连锁店吃烤鸭。待烤鸭上来以后，陈某越吃越觉得不对劲，原本酥而不腻的烤鸭肉，现在却变得厚而滑腻，待结账的时候，她才发现用餐发票上面盖的是另外一个餐饮公司的公章，询问之下才得知，原本那家连锁烤鸭店已经搬走了，现在这家餐饮公司图省事，就沿用了以前的装修，招牌也没换。陈某有种上当的感觉。那么，该餐饮公司的行为是否合法？

律师说法

为了区别不同经营者提供的食品和服务，便于食品监管机关对经营者的监管，经营者在经营食品或者提供服务的过程中，必须使用营业执照上核准的经营名称，本案中这种“挂羊头卖狗肉”的行为，被《消费者权益保护法》所禁止。该法规定，经营者应当标明其真实名称和标记。租赁他人柜台或者场地的经营者，应当标明其真实名称和标记。故餐馆的行为是违法的。

14. 吃火锅结账时被告知不能开发票，是否合法？

某大学附近开了一家麻辣火锅店，食客多是大学里的学生，所以生意还是很不错的。某天，有一位来自四川的女学生来这家火锅店吃饭，结账的时候女学生看收银员并没有向其提供发票的意思，就主动跟收银员索取发票。而收银员却以在本店消费 200 元以上的顾客才能提供发票为由，拒绝了在该店仅消费 129 元的这名女学生的要求。该火锅店是否有义务提供发票？

律师说法

发票指的是经营者向消费者提供的收付款的书面证明，是财务收支的法定凭证，亦是会计进行核算的原始依据，还是审计机关、税务机关进行执法检查的重要依据。因此，发票的重要性不言而喻，而本案中的食品经营者以消费 200 元以上才提供发票为由拒绝提供发票的行为是被法律所禁止的。

15. 蛋糕店在蛋糕上放错了东西，有退换义务吗？

李某经别人介绍与王某确立了恋爱关系。王某过几天就要过生日了，为此他特意在当地一家小有名气的蛋糕店订了一份生日蛋糕，由于女朋友很爱吃草莓，所以他特意选择了以草莓为主料的一款蛋糕。到了女朋友生日那天，李某取完蛋糕和女朋友共同享用时，却发现该款蛋糕原本应该添加草莓，却不知道为什么都是芒果，而其女朋友对芒果又有过敏史。这让李某和女朋友都很气愤，便去找蛋糕店理论外加退货，可蛋糕店却拒绝退货，给出的理由是，虽然蛋糕上的水果因失误错添加成芒果，但李某和其女朋友已经食用了该蛋糕。那么，该蛋糕店的说法是否合法？

律师说法

消费者购买的食品，如果发现质量不符合要求的，可以依据我国的法律规定或者当事人的约定，要求食品经营者履行更换的义务，如果没有国家规定和当事人约定的，消费者还可以自收到食品 7 日内要求经营者退货。本案中，经营者未按照约定条件给蛋糕添加草莓，而是添加了令消费者过敏的芒果，虽然蛋糕被食用了，但因经营者有过错在先，食品质量存在严重问题，消费者当然可以要求经营者履行退换的义务，而蛋糕店拒绝退货的做法是不符合法律规定的。

16. 女顾客有盗窃嫌疑，超市保安可以随意搜身吗？

李某和他人合伙在某地城乡接合部开了一个食品超市。由于该地治安环境较差，超市经常会丢东西，为了避免损失扩大，李某特意聘了两名保安，加强对超市的安保工作。某天，保安陈某在超市的日常巡逻过程中，发现一名形迹可疑的女顾客，并且她的衣兜很鼓，便怀疑其偷了食物，于是他用对讲机叫来另外一名保安吴某，二人合力将该名可疑的顾客围住，在大庭广众之下说他们抓到了一个小偷，并让这名顾客掏出所偷的食品，女顾客声称自己并未偷窃。二人见状，便当着众人的面对该名顾客采取了搜身的措施，但最终并未在该名女顾客身上搜出任何属于超市的食品。那么，经营者是否可以对消费者采取搜身的措施呢？

律师说法

实践中，总有一些超市的保安认为在超市的范围内，自己就是执法者，可以对其怀疑的顾客采取搜身、扣押等强制措施，但显然这些行为都是违法行为。依据我国《消费者权益保护法》的规定，经营者不得对消费者进行侮辱、诽谤，不得搜查消费者的身体及其携带的物品，不得侵犯消费者的人身自由。本案中的保安既将自己当成了裁判者，对公众宣称顾客是小偷，又把自己当成了执法者，对其怀疑的顾客采取强制措施，这都是严重的违法行为。

17. 电视购物的经营者负有何种义务？

家庭主妇王女士平时最喜欢看电视购物频道，最新一期的电视购物节目中主持人向广大的消费者推荐了某款具有美容作用的保健食品，效果堪称神奇。对电视购物一向无抵抗力的王女士拿起电话就订购了该款保健食品。过了3天，王女士就收到了该款保健食品，此时刚巧有朋友来王女士家串门，王女士的朋友询问这是什么东西。王女士告诉朋友这是一款具有美容作用的保健食品。可朋友拿起该保健食品看了一会儿后，却道："这款保健食品可能是假冒伪劣产品吧。你看包装上连生产厂家、安全注意事项、售后服务等内容都没有，只有产品的名称。"那么，电视购物的经营者对其出售的食品有什么义务呢？

律师说法

电视购物、电话购物、邮购购物、网络购物等有别于传统购物的购物方式，充斥着我们生活的各个角落，消费者通过上述方式可以买到各类商品，当然也包括食品。法律为了保障消费者的合法权益，明确规定，通过上述购物方式销售食品的经营者，必须向消费者提供经营地址、联系方式、商品或者服务的数量和质量、价款或者费用、履行期限和方式、安全注意事项和风险警示、售后服务、民事责任等信息。本案中，王女士通过电视购物买到的保健食品只有食品名称，除此之外没有任何标识，经营者的这种行为明显违反了《消费者权益保护法》。

18. 母婴店泄露顾客信息，负有何种责任？

陈女士怀胎十月生下一个健康漂亮的宝宝，她在坐月子的过程中老是莫名其妙地接到各种各样的推销广告，令她很是烦恼。在一次接电话的过程中，对方推销人员向陈女士透露，公司是从一家母婴店花钱买到陈女士的个人信息的。这才让陈女士恍然大悟，她怀孕的时候经常去这家母婴店购买孕妇食品，为了得到实惠的价格，还特意在该母婴店办理了会员卡，留下了自己的个人信息。那么，作为经营者的母婴店对消费者的个人信息安全负有什么样的义务？

律师说法

在我国，经营者为了给消费者提供更好的服务，将客源牢牢掌握在手中，避免客源的流失，往往会通过办理会员卡等方式留住顾客，从而获取消费者的个人信息。然而随着经济的发展，很多人认识到消费者个人信息的重要性，便产生了倒卖消费者个人信息的违法行为，以牟利为目的将消费者的个人信息转卖给他人。这是一种严重侵害消费者合法权益的行为，为了杜绝该行为，规范获取消费者个人信息行为，我国《消费者权益保护法》明确规定：经营者收集、使用消费者个人信息，应当遵循合法、正当、必要的原则，明示收集、使用信息的目的、方式和范围，并经消费者同意。经营者收集、使用消费者个人信息，应当公开其收集、使用规则，不得违反法律、法规的规定和双方的约定收集、使用信息。

经营者及其工作人员对收集的消费者个人信息必须严格保密，不得泄露、出售或者非法向他人提供。经营者应当采取技术措施和其他必要措施，确保信息安全，防止消费者个人信息泄露、丢失。在发生或者可能发生信息泄露、丢失的情况时，应当立即采取补救措施。

此外，除非消费者同意，不得向消费者发送任何商业信息。本案中，该母婴店对外出售陈女士个人信息的行为是一种违法行为，情节严重的甚至可以追究相关责任人的刑事责任。

19. 我国是否有食品召回制度?

郭某是一名家庭主妇，喜欢购买特价商品。在某超市的促销活动中，她购买了由某食品厂生产的“五香驴肉”和“五香牛肉”20袋，有当日的购物小票为证。在食用这些肉的过程中，王某发现无论是肉的味道还是肉的色泽均与往常所买的有明显的差异，为了保障自己的安全，她将剩下的肉拿到相关部门进行检测。当地市场监督管理局出具的一份检测报告载明：“检测显示样品名称为：五香驴肉。检测结果为：驴成分、鸭成分未检出，狐狸成分检出。”报告同时注明：“以上系申请人自送样品的检测结果，其结果仅对来样负责。”郭某认为自己的合法权益受到侵害，要求生产厂家按照我国法律的相关规定，给予十倍赔偿。该事件经过媒体的报道后，该生产厂商认为郭某是恶意索赔。大多数群众认为超市应当将所出售的相关产品进行召回，该超市表示，如果真是其超市出售的食品，会尽快采取相关救济措施。那么，我国是否有食品召回制度呢?

律师说法

答案是肯定的，我国的法律明确规定了食品召回制度。依照规定，食品的生产者一旦发现自己生产的食品不符合食品安全标准，应当主动停止生产，召回已经对外出售的相关食品。食品生产者应当及时通知相关的食品经营者和消费者，要对召回的情况和通知的情况进行相应的记录。此后，还要对召回的食品采取相关的补救措施，如进行无害化处理、销毁等。在采取措施后，还应当及时向相关行政监管部门进行报告。此外，如果食品的经营者发现其经营出售的食品存在不符合食品安全标准的情况的，应当立即停止出售，通知食品的相关生产者和消费者，并进行记录。县级以上相关行政监管部门应当依法对食品生产者、经营者的食品召回和处理或者停止经营的情况进行执法监督。

20. 保健品是药品吗?

王某怀胎十月产下了一名男婴，孩子刚过百天，就有人提醒王某要注意给孩子补钙，否则等孩子再大点就容易缺钙。对此，王某非常重视，但市场上给婴儿补钙的产品琳琅满目，品牌众多，经过对比，王某购买了一款标有“健”字的婴儿补钙产品。但是她对此还是有些为难，因为孩子现在太小了，有的人说她买的这款产品是药，而她又不想在孩子这么小的时候就让他吃药。那么，王某购买的这款带“健”字的补钙产品到底是药品还是食品？

律师说法

本案中，王某购买的带有“健”字的食品，是一款保健食品，而非药品。那保健品和药品有什么区别呢？简单地讲，消费者可以通过产品的标注加以区别，如保健品往往标有“健”，而药品往往会标记“OTC”。依据我国法律的相关规定，保健品指的是具有特定保健功能的食品，具有调节机体的功能，但不以治疗疾病为目的。保健品的生产需要由卫生部门审批。而药品必须是以治疗疾病为目的，并且需要标明所治疗的疾病、功能、疗效等，其生产需要由国家食品药品监管部门审批，生产的方式和需要的技术要远远复杂于保健品。

21. 对外宣传保健品能包治百病，合法吗？

赵某的远房表亲刘某最近到赵某家串亲戚，这让赵某有点摸不着头脑，他和这位远房亲戚还是其父母健在的时候才稍有来往，后来渐渐就和他们没有联系了。今日刘某竟然带着点心、白酒登门造访，还真有些让赵某“受宠若惊”了。赵某和刘某在中午吃饭的时候，刘某向赵某透露了一个发财的好机会。原来刘某准备在赵某所在村和邻村出售一款号称“包治百病”，但外包装上却标注着“健”字的好东西，里面可是人参、鹿茸什么都有，他准备将自己所带的上百箱产品存放在赵某的房子里，按月给赵某提成，当保管费。赵某惊讶地问刘某："这东西真有这么神？"刘某神秘地笑道："必须有这么神。"事后，不仅赵某给自己媳妇买了一些该产品用于治疗妇科疾病，而且在刘某的大力宣传下（在当地电视台以及电台、报纸上均做了广告），刘某的这款能"包治百病"的好东西在周围的几个村落销售情况非常火爆，不出三个月，上百箱产品就都卖光了。那么，刘某这种"包治百病"的对外宣传是否合法？

律师说法

刘某对外销售的带有"健"字的好东西，只是一款保健品，对外宣传"包治百病"，这和现实中很多保健品宣称可以治病一样，误导众多消费者以为保健品是一种可以治疗疾病的药品，这其实这是一种违法的宣传手段。保健品并不具备医学上治疗疾病的功能，它仅具有身体保健的功能。所以刘某的这种夸大、不实的对外宣传是违法的，是被法律所禁止的。依据我国相关的法律规定，保健食品的对外宣传广告用语，必须明确标明"本品不能代替药物"的提示语言，且不得含有"使用该产品能获得健康"或者暗示能够治疗疾病的表述。

热线咨询

1. 准备在某诊所做双眼皮，如何辨别是不是黑诊所?

首先，看诊所证件及医疗条件。观察该诊所是否有《医疗机构执业许可证》，工作的医师是否有《医师资格证书》和《执业医师证》。黑诊所医疗设备简陋、卫生条件差，一般设在偏僻的街道。

其次，低价宣传和虚假宣传往往是黑诊所的手段，它们一般采用发小广告的形式虚假宣传，如声称有“百年秘方”“包治百病”。另外，黑诊所经常利用低价宣传吸引患者，之后又通过变相延长治疗时间、高价售药等手段牟利。

最后，问诊过程不专业。黑诊所的医生一般不会作基本检查和询问禁忌症等相关信息，而是直接向你推销相关医疗服务，在简单判断之后就会催促你交钱。

2. 双眼皮手术属于医疗美容吗?

割双眼皮属于医疗美容，为一级美容外科项目。所以开展此项医疗项目需经卫生行政部门登记注册，并获得《医疗机构执业许可证》。负责实施医疗美容项目的主诊医师应具有执业医师资格，经执业医师注册机关注册，需持有的证件包括《医师资格证》和《执业医师证》以及国家卫生部门颁发的《医学美容主诊医生资格证》。

3.“朋友圈”发布的美容广告，我该如何明明白白地去消费？

“朋友圈”现在很流行，有很多人打起了“朋友圈”的主意，在“朋友圈”发布广告，引导“圈里”的朋友去消费购物。我国《广告法》规定：“利用互联网从事广告活动，适用本法的各项规定。”根据这一规定，在微博、微信等互联网平台开展的广告活动都属于利用互联网从事的广告活动，应当受到《广告法》的调整。因此，一旦消费者通过“朋友圈”的广告购买相关物品和享受相关服务，遭遇欺诈等行为的，在“朋友圈”发布美容广告的网友将难辞其咎。

4.我准备进行腿部和胸部的整形手术，美容院应当告知我什么？

根据我国法律规定，医疗机构实施手术、特殊检查或者特殊治疗时，必须征得患者同意，并应当取得其家属或者关系人同意并签字；无法取得患者意见时，应当取得家属或者关系人同意并签字；无法取得患者意见又无家属或者关系人在场，或者遇到其他特殊情况时，经治医师应当提出医疗处置方案，在取得医疗机构负责人或者被授权负责人员的批准后方可实施。

医疗机构应重视履行告知的义务，将手术中的风险毫无保留地告知患者，以便患者充分地行使其知情同意权。作为患方，应积极主动地行使自己的知情同意权，只有在充分了解、理解医方提供的医疗信息的基础上才能充分行使自己的选择权、同意权。

5. 未达到我期望的整形效果，我该如何维权？

首先，需要看消费者与整形机构的合同约定，如果未达到合同约定的整形效果，可以追究机构的违约责任。其次，如果出现整形失败造成身体伤害等侵权责任的，消费者还可以选择追究医疗机构的侵权责任。总之，医疗整形不同于一般的服务行为，消费者应当理性消费，在签订协议的同时，一定要将医疗机构承诺的整形效果登记在协议上，从而避免出现难以维权的局面。

6. 我的整容手术失败，是否属于医疗事故？

整容失败是否属于医疗事故，不能一概而论，属于医疗事故的应当满足以下几个条件：

（1）实施整容行为的人必须为医务人员。医疗事故的责任人必须是经过考核和经卫生行政机关批准或认可，取得相应资格的各级卫生技术人员。

（2）整形医院及医务人员违反了医疗卫生管理法律、法规和诊疗护理规范、常规。

（3）整形医疗人员在诊疗护理中存在主观过失。例如，用错药、诊断错误导致不必要的治疗；诊疗不及时导致患者没有得到及时救治而死亡；不负责任地将危重病员转院、转科造成不良后果等。

（4）患方存在人身损害后果。给患者造成的危害结果必须符合“伤残、死亡、组织器官损伤导致功能障碍”，否则不宜认定为医疗事故。

（5）医疗行为与损害后果之间存在因果关系。

7. 理发店给我烫染头发后强迫我支付一万元，该怎么办？

近年来，“天价理发”的新闻屡见报端，消费者在消费过程中应当注意避免以下几点：

（1）钓鱼！用“低价”“免费”等噱头钓你进店。比如，打出店庆低价理发的广告，让你进店消费，但只要你进店，离“宰你没商量”就不远了。

（2）挖坑！不知不觉让你高消费。无论是10元的剪发还是20元的洗剪吹，目的都是让你坐下来，然后理发师会跟你套近乎，指出你的头发有什么不足，需要补充什么营养，目的无非是让你高消费，当你跟理发师聊得不亦乐乎的时候，你已经忘了，你进店的目的只是理个发。

（3）储值卡！嫌贵可以办卡打折。还有的理发店会以打折为由让你提前消费办理高额的储值卡。现实中甚至出现刚办完储值卡没几天，理发店就“跑路”的欺诈事件。

消费者一旦遇到上述情形，可以到市场监管或者物价部门进行举报。以“天价理发”为例，进门前是10元理发，进门后实际收费可能上升到万元的离谱价位，理发店在未明确告知消费者的情况下，已经涉嫌欺诈，除要退还消费者已经支付的费用外，还要受到行政处罚。

8. 出现医疗纠纷后我该怎么办？

患者遇到医疗纠纷，可以通过以下途径解决：

（1）调解，可以向人民调解委员会申请调解。

（2）医疗事故认定，请求医疗行政机构介入，调查是否构成医疗事故。

（3）进行医疗过错司法鉴定，之后通过诉讼途径解决。由第三方司法鉴定机构介入，在法院的主持下，弄清是非曲直。

9. 收房时发现房屋实际面积与合同面积不符，该怎么办？

首先，看购房合同是否对此有相关约定，有约定的按照约定。

其次，如果合同未作约定，按以下原则处理：（1）面积误差比绝对值在3%以内（含3%）的，据实结算房价款；（2）面积误差比绝对值超出3%时，买受人有权退房。买受人退房的，房地产开发企业应当在买受人提出退房之日起30日内将买受人已付房价款退还给买受人，同时支付已付房价款利息。买受人不退房的，产权登记面积大于合同约定面积时，面积误差比在3%以内（含3%）部分的房价款由买受人补足；超出3%部分的房价款由房地产开发企业承担，产权归买受人。产权登记面积小于合同约定面积时，面积误差比绝对值在3%以内（含3%）部分的房价款由房地产开发企业返还买受人；绝对值超出3%部分的房价款由房地产开发企业双倍返还买受人。

最后，经规划部门批准的规划变更、经设计单位同意的设计变更导致商品房的结构形式、户型、空间尺寸、朝向变化，以及出现合同当事人约定的其他影响商品房质量或者使用功能情形的，房地产开发企业应当在变更确立之日起10日内，书面通知买受人。买受人有权在通知到达之日起15日内作出是否退房的书面答复。买受人在通知到达之日起15日内未作书面答复的，视同接受规划、设计变更以及由此引起的房价款的变更。房地产开发企业未在规定时限内通知买受人的，买受人有权退房；买受人退房的，由房地产开发企业承担违约责任。

10. 我网购的化妆品与网店宣传不符，可以退货吗？

消费者购买的商品，尤其是网购的商品，如果出现虚假宣传的情况，不仅可以退款，还可以向网店主张假一赔三的赔偿要求。关键点在于，出现类似纠纷，消费者要注意保存证据，如涉嫌虚假宣传的网络页面，要注意截图保存，以备将来在举报或者诉讼的过程中使用。

11. 经营者是否有义务听取消费者的意见?

消费者可谓经营者的“衣食父母”，经营者的效益好坏和发展规模直接与消费者相关，因此，听取消费者的意见是十分重要的。经营者应当听取消费者对其提供的商品或者服务的意见，接受消费者的监督。

12. 经营者的警示提醒义务是什么?

经营者在日常经营中，应当将维护消费者的安全放在第一位，如餐馆、超市、影剧院等人流量较大的地方，都是人流比较密集的地方，容易出现摔伤和财物被盗的事实，因此，我国《消费者权益保护法》要求，经营者应当保证其提供的商品或者服务符合保障人身、财产安全的要求。对可能危及人身、财产安全的商品和服务，应当向消费者作出真实的说明和明确的警示，并说明和标明正确使用商品或者接受服务的方法以及防止危害发生的方法。宾馆、商场、餐馆、银行、机场、车站、港口、影剧院等场所的经营者，应当对消费者尽到安全保障义务。

13. 经营者在商品宣传方面有什么限制？

实践中，一些经营者为了获取更大的利润，将次的食品说成好的食品；将别的地方的食品说成是这个地方的食品；更有甚者将不具有治病功能的保健食品说成是包治百病的神药。其实质都是使用一些“鱼目混珠”的伎俩来坑害消费者。为此，我国《消费者权益保护法》明确规定，经营者向消费者提供有关商品或者服务的质量、性能、用途、有效期限等信息，应当真实、全面，不得作虚假或者引人误解的宣传。经营者对消费者就其提供的商品或者服务的质量和使用方法等问题提出的询问，应当作出真实、明确的答复。

14. 什么是举证责任倒置？

实践中，当一件商品出现质量问题后，一些经营者就会将责任推脱给消费者，说是消费者使用不当所致。这明显对消费者不利，对消费者不公平。为了避免这种现象，《消费者权益保护法》规定，经营者提供的机动车、计算机、电视机、电冰箱、空调器、洗衣机等耐用商品或者装饰装修等服务，消费者自接受商品或者服务之日起6个月内发现瑕疵，发生争议的，由经营者承担有关瑕疵的举证责任。

15. 国家如何保障消费者的合法权益不受侵犯?

国家一般通过如下方式保护消费者的合法权益：

（1）各级人民政府应当加强领导，组织、协调、督促有关行政部门做好保护消费者合法权益的工作，落实保护消费者合法权益的职责。

（2）各级人民政府应当加强监督，预防危害消费者人身、财产安全行为的发生，及时制止危害消费者人身、财产安全的行为。

（3）各级人民政府市场监督管理部门和其他有关行政部门应当依照法律、法规的规定，在各自的职责范围内，采取措施，保护消费者的合法权益。

（4）有关行政部门应当听取消费者和消费者协会等组织对经营者交易行为、商品和服务质量问题的意见，及时调查处理。

（5）有关行政部门在各自的职责范围内，应当定期或者不定期对经营者提供的商品和服务进行抽查检验，并及时向社会公布抽查检验结果。

（6）有关行政部门发现并认定经营者提供的商品或者服务存在缺陷，有危及人身、财产安全危险的，应当立即责令经营者采取停止销售、警示、召回、无害化处理、销毁、停止生产或者服务等措施。

（7）有关国家机关应当依照法律、法规的规定，惩处经营者在提供商品和服务中侵害消费者合法权益的违法犯罪行为。

（8）人民法院应当采取措施，方便消费者提起诉讼。对符合《民事诉讼法》起诉条件的消费者权益争议，必须受理，及时审理。

此外，国家在制定有关消费者权益的法律、法规、规章和强制性标准时，应当听取消费者或者消费者协会的意见。

16. 消费者协会负有何种法定职责？

消费者协会和其他消费者组织，是依照法律规定成立的对商品和服务进行社会监督，保护消费者合法权益的社会组织。消费者协会在履行职责的过程中，引导广大消费者合理、科学地进行消费，促进我国经济的健康发展。它的职责主要包括：

（1）向消费者提供消费信息和咨询服务，提高消费者维护自身合法权益的能力，引导文明、健康、节约资源和保护环境的消费方式。

（2）参与制定有关消费者权益的法律、法规、规章和强制性标准。

（3）参与有关行政部门对商品和服务的监督、检查。

（4）就有关消费者合法权益的问题，向有关部门反映、查询，提出建议。

（5）受理消费者的投诉，并对投诉事项进行调查、调解。

（6）投诉事项涉及商品和服务质量问题的，可以委托具备资格的鉴定人鉴定，鉴定人应当告知鉴定意见。

（7）就损害消费者合法权益的行为，支持受损害的消费者提起诉讼或者依照法律提起诉讼。

（8）对损害消费者合法权益的行为，通过大众传播媒介予以揭露、批评。

各级人民政府对消费者协会履行职责应当予以必要的经费等支持。

消费者协会应当认真履行保护消费者合法权益的职责，听取消费者的意见和建议，接受社会监督。

依法成立的其他消费者组织依照法律、法规及其章程的规定，开展保护消费者合法权益的活动。

17. 消费者购买的食品，是否必须标明保质期？

食品的保质期，即食品的最佳食用期限。只有在保质期内的食品才能出售，除非法律有特殊规定。明知是过期的产品，采用将保质期弄模糊的办法，对外出售，亦可认定为未标明保质期，是一种违法行为。该种食品过了保质期，对消费者的身体健康具有潜在的重大威胁，所以不得对外出售。

18. 饭店能够使用洗衣粉刷洗餐具吗？

饭店的餐具和饭店对外出售的食物一样，都必须是卫生的、安全的。洗衣粉含有非离子表面活性剂、阴离子表面活性剂、漂白剂、增艳剂、聚磷酸盐软水剂等化学成分，人一旦误食上述化学成分，会导致不同程度的食物中毒，严重的可能会导致死亡。依据《食品安全法》的要求，在食品的生产经营中，所使用的各种洗涤剂或者消毒剂均应当对人体是安全的、无害的。因此，将洗衣粉当作饭店餐具清洗剂的行为是违法的。

19. 女性美容照片被擅自发布在微博上，可获得什么赔偿？

经营者收集、使用消费者个人信息，应当遵循合法、正当、必要的原则，明示收集、使用信息的目的、方式和范围，并经消费者同意。经营者未经同意，擅自将消费者美容的照片发布在互联网上的，应当向消费者赔付精神损失费。

20. 面对培训机构“跑路”风险，女性该如何防范？

如今，诸多培训机构雨后春笋般出现，但培训机构刚授课没多久就“跑路”的新闻也屡见报端，以女性颇为青睐的职业教育培训为例，女性朋友该如何选择培训机构，避免机构“跑路”风险？

（1）永远不要轻信广告，广告中的诸多宣传基本脱离了实际的课程，俗话说“看广告，不如看疗效”，还是有道理的。如果有试听课程，一定要亲自去听，上课过程中多了解该培训机构的详细信息。

（2）选择有资质的培训机构，所有培训机构都必须有办学许可，没有办学许可的，百分之百不是正规培训机构。现今培训机构鱼龙混杂，“打一枪换一个地”的游击队式培训机构充斥其中，普通的消费者很难判断其真正的资质。因此，在选择培训机构的时候，一定要选择有资质、有办学许可的培训机构，不仅在教学上有保障，更能避免出现携款潜逃的风险。

（3）学会用法律武器维护自己的合法权益，我国法律明确规定：当事人一方不履行合同义务或者履行合同义务不符合约定的，应当承担继续履行、采取补救措施或者赔偿损失等违约责任。学员向培训机构支付学费参加课程培训，说明双方的服务合同关系已成立，学员的合法权益就受到法律的严格保护，当培训机构不履行合同义务，出现违约情形之时，学员可向其追究违约责任。如果培训机构携款潜逃涉嫌刑事犯罪的，亦可以被追究刑事责任。

21. 中介向女租客出租“甲醛”污染房的，要承担何种责任？

根据我国法律规定，租赁物危及承租人的安全或者健康的，就算承租人订立合同时明知该租赁物质量不合格，承租人仍然享有随时解除合同的权利。此外，如果中介公司提供的租赁合同存在严重损害消费者合法权益或者加重消费者义务的条款甚至减轻、免除中介公司义务的条款，应当被认定为无效。

我们可以明确地告诉女性读者，无论是房屋的结构，还是出租人提供的电器、家具，以及房屋的空气质量，只要涉及人身安全的，都应当涵盖在出租人向承租人负有的安全保障义务之内，出租人必须保证承租人的居住安全，一旦出现甲醛污染，损害承租人身体健康的，作为出租人的中介公司理应承担相应的赔偿责任。

温馨贴士

消费是我们日常生活中必不可少的一部分，我们在消费过程中要学会保护自己。相对于男性而言，女性由于生理和心理的特殊性而成为相对的消费弱势群体，消费者特别是女性消费者权益更需要受到法律保护。女性消费者如果遇见消费纠纷一般可以通过以下途径解决：

1. 向政府主管部门（市场监管部门）投诉、举报。如果无法解决，可以通过诉讼途径解决。

2. 拨打 12315 维权。虽然每年只有 3 月 15 日是消费者权益保护日，但是消费者只要遇到消费纠纷，都可以拨打 12315 进行维权。

3. 如果消费者购买的是价值比较小的商品，为了提高维权效率，可以主动跟销售者协商退换货的相关事宜。如果无法达成相关协商，还可以找自己的家人、朋友帮忙处理。总而言之，女性消费者在处理消费纠纷时，一定要冷静和理智。

图书在版编目(CIP)数据

妇女权益保护手册：以案释法版 / 刘凝编著. —北京：中国法制出版社，2020.6

（权益保护手册）

ISBN 978-7-5216-0856-4

Ⅰ. ①妇…　Ⅱ. ① 刘…　Ⅲ. ①妇女权益保障法—案例—中国　Ⅳ. ①D922.75

中国版本图书馆CIP数据核字（2020）第024685号

责任编辑：程　思　熊林林　　封面设计：周黎明

妇女权益保护手册：以案释法版

FUNÜ QUANYI BAOHU SHOUCE：YI AN SHI FA BAN

编著 / 刘凝

经销 / 新华书店

印刷 / 三河市国英印务有限公司

开本 / 880毫米×1230毫米　32开　　印张 / 6.5　字数 / 135千

版次 / 2020年6月第1版　　2020年6月第1次印刷

中国法制出版社出版

书号ISBN 978-7-5216-0856-4　　定价：28.00元

北京西单横二条2号　邮政编码100031　　传真：010-66031119

网址：http://www.zgfzs.com　　编辑部电话：010-66066620

市场营销部电话：010-66033393　　邮购部电话：010-66033288

（如有印装质量问题，请与本社印务部联系调换。电话：010-66032926）